新概念90后实力派
作品范本

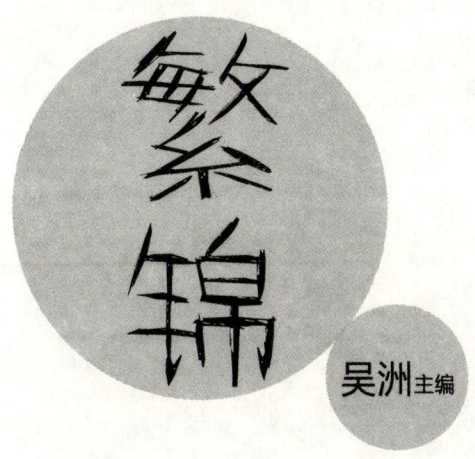

繁丝锦

吴洲 主编

全国百佳图书出版单位
时代出版传媒股份有限公司
安徽人民出版社

推荐语

一代人有一代人的精彩，人在江湖，送别人刀子不如送别人微笑！

——凌仕江（中国作家协会会员，著有《飘过西藏上空的云朵》、《西藏的天堂时光》等）

"90后"正处青春年，文笔中充满着灵性，必然光芒无限！

——徐筱雅（厦门大学研究生，第六、七、十届全国新概念作文大赛一等奖）

读同龄人的文字，像是在享受看一场文字美妙舞蹈。身临其境，深有共鸣。

——周悟拿（湖南省作家协会会员，第十届全国新概念作文大赛一等奖）

我能从他们的文字上看到他们对写作的激情、热爱。他们还年轻，将有无限可能，后生始终是可畏的。

——陈虹羽（第八届全国新概念作文大赛一等奖，《萌芽》、《青年文学》人气作者）

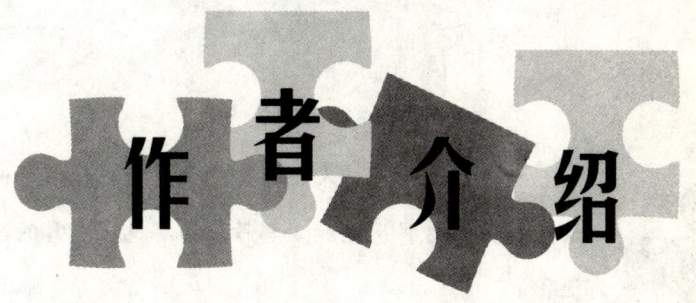

作者介绍

黄可

1993年出生于福建,自信开朗的狮子座。四分之三宅男。

阅读的开端已经忘记是何时,唯独至今沉迷于三岛由纪夫、川端康成、夏目漱石、石田衣良以及勒克莱齐奥,挚爱《小王子》。

在众多的文学流派中,尤其喜爱魔幻现实主义,在纷乱的文学风格中,尤其喜爱日本的细腻唯美文字。对于幻想有无法抑制的崇拜和狂热,希望自己的文字能够建起一座巨大的城堡,包含自己的乌托邦。

生活简单,热衷写字涂鸦,不擅运动,学习认真,不爱叛逆,不当非主流,QQ隐身,定期上豆瓣,广交朋友,对高中生活充满憧憬。一直就生活在南方的大地上,聆听风声,拥抱阳光,在漫长的银白海岸踏过海浪。

曾获第十一届新概念作文大赛一等奖。

陈凯鸣

女,1990年2月出生,现就读于厦门大学经济学。曾获第六届新概念作文大赛二等奖,第九届新概念作文大赛一等奖,第十届新概念作文大赛二等奖。

只见过我名字的人都以为我是男生,就像小时候我总以为梅兰芳是女人一样。这种反差和误解带来的尴尬在岁月的冲刷中已经变得微不足道了。

君特用"仿佛被推出来似的",形容人诞生之初。我觉得我也是被推出来的,而且是被自己推出来的。我来到这个世界,就是为了看看。看看好的,看看坏的,然后直面刺目的丑陋,一笑而过。

朱学颖

1991年8月生,曾获第十一届新概念作文大赛一等奖。

极端乖戾、偏执,却又蕴藏着出人意料的隐忍力。本身即是矛盾综合体,凭"恋七"写文,借"恋八"吐槽。性情反复无常,就像在地球水土不服的外星人,不是幻想而是坚定地相信,在生前或着死后的某一时刻我终会回到自己的星球与时空,而文字便是我带回去的礼物及回忆。

王新乐

男,1990年9月出生,山东滨州人。曾获第十一届新概念作文大赛一等奖。

平时热爱篮球,喜欢在篮球场上尽情挥汗。是一个理科生,但对文字有一种难以言语的感觉。从小开始写作,深爱弗拉基米尔·纳博科夫、米奇·阿尔博姆、阿加莎·克里斯蒂等作家的作品。

梁霄

1993年生，笔名梁江远，甘肃人，曾获第十一届新概念作文大赛一等奖，信仰伊斯兰教。自幼生长在大西北，与广袤无垠的云域和坦荡如砥的大地为伴。喜欢流浪的射手座，因此去过很多地方，希望自己可以一直在路上。并且心中有一个与现实截然不同的世界，热衷于在旅行中书写各种各样的见闻与人生，一直认为活着是种莫大的快乐，也因此而十分享受生活。

喜欢一句话：我的一生只有两天，一天用来出生，一天用来死亡。

姜睁峥

1992年4月出生，曾获第十一届新概念作文大赛一等奖。
喜欢王小波。喜欢睡觉。
坚信自己的才华，坚定地写作。

吴如功

男，1990年出生于内蒙古。曾获第十届新概念作文大赛一等奖。

之前的生活使自己的思想像北方的天气一样直接而寒冷，如今，经历了一年痛苦的复读生活后，如愿以偿，得以去南方寻找温暖。

付晓雨

生于1992年繁盛的七月，现居上海。曾获第十一届新概念作文大赛一等奖。

喜欢轰轰烈烈，不顾别人的眼光，只顾滋生自己的骄傲。骨子里流动着温暖的血液。生生不息繁衍出的温柔，却不知道该流淌到何处。于是选择文字，给自己一个释放的舞台。渴望在时光刻板上留下浓墨重彩的一笔。

磨蔚

曾获第十一届新概念作文大赛一等奖，1993年6月出生于一个安静恬美的小城。画面仿佛永远被定格，永远都是如此地绚烂并且温馨。感动着并感谢着生命、阳光、大地以及寂寞。

经常微笑，看着西下的斜阳轻轻地唱歌。有过朋友，有过刻骨铭心的感情，不过皆因白驹过隙而变得颠沛流离，于是痛过，哭过，笑过，亦幸福过。无意中钟情于写作。看着一片白茫茫的世界，用自己微小的笔头，轻松的笔调来书写，终于学会感激。

刘禹婷

四川人，生于1991年暖暖的3月。生性开朗，嗜辣。曾获第十届新概念作文大赛一等奖。

写作风格朴实真挚、细腻动人。

马玲

笔名黑猫不睡。生于夏至正午，90后人，风向性格。曾获第十届新概念作文大赛一等奖。

喜欢在凌晨专心做事，现阶段沉迷于电影。对于未来，希望家人和朋友平安快乐。

张梦璐

1990年4月出生,曾获第十届新概念作文大赛一等奖。

如果说90后很青春、很小资、很非主流,那么,我是个例外。

如果说金牛座女生很执著、很坚定、很勤劳,那么,我又是个例外。

沉湎于时间,为爱好而写作,人生与世俗无关。

曹兮

1991年出生,江苏徐州人,是一个拥有双重性格的双子座女生。曾获第十届新概念作文大赛一等奖。

喜欢在午夜泡一杯无糖咖啡,一边听伍佰的歌一边写东西。最大的梦想是能狠狠地睡个觉,然后将梦里的东西写下来,再去睡,醒了再去写……重复多次,直到写不出任何东西。

王钟的

生于1990年的夏天,18岁之前一直生活在南方的一个滨海城市,与文字结缘的日子记得不那么确切了,零零散散地有豆腐块在报章上出现倒是事实。曾获第九届新概念作文大赛一等奖,第四届全球华人少年美文写作大赛"美文评委奖"。

求学于中国人民大学新闻学院,在文学和新闻之间挣扎,不过终归一点心里是明白的:这辈子是注定和文字打交道了。

李昕

1991年双子座人,属亚当系列,曾获第十届新概念作文大赛一等奖。

现就读于重庆大学电影学院戏剧影视文学系,去过很多城市,见过很多人,很奇怪自己为什么至今挑不出一个最喜欢的,或许是我自己心太高,或许是真的没有一个适合,但终究都只是"或许",没有谁能告诉我一个确切的原因。

我一直坚信自己的人生从十六岁那年才真正开始,这两年经历了太多,回忆起来就像是在看永不散场的电影,虽然冗长,但很精彩。我会沿着自己的路线一直走下去,感谢所有支持我的人,你们教会我怎样去爱,同样感谢那些树我为敌的人,你们教会我应该怎样生存。

目录

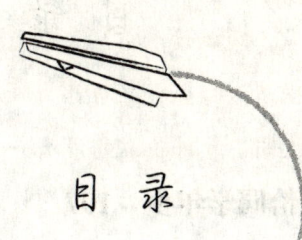

推荐语 1
作者介绍 1

陪你我歌唱 1
 盲 3
 味蕾记忆 11
 寂寞的故事 15
 彼岸之结 20
 夜莺 37

时光的味道 59
 不过偶遇 61
 黄花地丁 80
 满苍梧 97

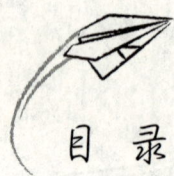

目录

恰同学年少 107
    盲点 109
    史诗的书脊 122
    赫德路一九二号 128
    这是我的温柔 137
    爱姑 149

左半边翅膀 155
    河滩边的砖窑厂 157
    盛夏去看雪 170
    海的女儿 181

爱不曾离开 191
    灰宅 193
    宠物旋涡 214
    另类过往 229
    疤 237

陪你我歌唱

90

打翻一片海洋
变成星星的泪光
你快乐的模样填满了阳光
唔……我要好好想想
给你什么颜色的天空

盲

文/张梦璐

我们都曾迷茫,我们都曾无知,我们都曾若盲眼人,挣扎在机缘与时间的原野……

——题记

她的生命宛如一次漫长而曲折的旅程。开始时是阳光满路,走着走着就入了隧道,只剩下满目的黑暗和恐惧。她在其中挣扎摸索,却似乎永远也不会知道,隧道的另一个出口,就埋藏于深深的机缘与巧合……

出生的时候,她微微地伸了个懒腰,于是就做了妹妹。

一岁时,为她摆庆宴,不哭也不闹,只有那一双又大又亮的眼睛,盛了水般地打量着这个世界。

五岁时,她学会了写自己的名字,在床头的墙壁上歪歪扭扭地画满了"苏珞"。

十岁时她迷上了凡·高,迷上了对色彩的调剂与涂抹。

十三岁时,她和姐姐苏璎同时获奖,成了苏家赞不绝口的宝贝。

十六岁时,她和家人驾车出游,却难料途中遭遇车祸,只有姐姐和她得以幸存。从此,她的生命里不再有父母的出现,一同失去的还有整个世界的影像。

她在车祸里失掉了她美丽的双眼,而这个世界最后留给她的模样,却是浓得化不开的鲜红。

苏珞的生命本该就这样发展,在无尽的黑暗中,在自己无法释怀的心结里,绝望地活着,也绝望地死去。然而她却遇上了乔迁,不是总角之时亦不是豆蔻之年,而恰恰是在那个不早也不晚的夏天里,于时间的无崖荒野里偶然相遇。

命运所有的齿轮在那一刻开始转动,咬合。喀嚓喀嚓,精妙无误。

有的时候,世事就是这么让人难以琢磨。

苏珞蜷缩在炽热的阳光里,双手环膝,不知道已经坐了多久。她的额头轻抵在斑驳的墙面上,双目紧闭,脸颊被太阳晒得通红。她一动不动地坐在那里,在并不安静的街道上,就那么静静地坐着,遥远得仿佛与这个世界无关。

在街道的另一端,一个高个子少年微微皱眉地望向这边,手里牵着一只因为贪玩而擅自离职的导盲犬。

空气中到处肆虐着干热的巨浪,一波一波地席卷着人们身上残留的水分。耳廓里聒噪的蝉鸣声,是热浪翻滚时泛出的巨响,一声高过一声,气势凶猛无比。苏珞斜着的身体往下滑了滑,这些该死的夏蝉扰乱了她原本清晰的听力,让她觉察到自己越来越凝重的不安。从刚才开始可乐就不知跑到哪里去了,没有了导盲犬,苏珞就像一只被拔掉了电源的玩偶,无法动弹,只能持续孤独又无助地等待。她感到阳光在脸上直射得越发强烈,皮肤下的血液像被煮沸的水似的在毛细血管里翻腾跳跃,仿佛就快要爆裂出来了。但这种让她颇为不适的感觉并没有持续太久，因为很快她就被一块荫蔽所覆盖，一同凑上来的，还有可乐那湿湿凉凉的鼻子。她欣喜地笑了起来，大大的眼睛眯成两道月牙，她用手心大释般地抚了抚可乐的前额，然后站起来打算向送它回来的好心人道谢。蜷曲了太久的双腿此时已是酸痛，发软，苏珞还未起身就再次跌了下去，不过，这次撑住她的，不是刚才身后僵硬的墙壁，而是头顶那强劲有力的荫蔽——一个男孩子，穿着亚麻的衬衣，微凉的手臂，就像每个人儿时梦里蹚过的那条小溪，一丝一丝地把清凉沁入苏珞的皮肤。

他就那么小心翼翼地环着就要倒下去的苏珞，在遮不住阳光的屋檐下，在纷乱嘈杂的街道旁，就那么环着，用心地仿佛是在对待久失复得的恋人。

世界依然是川流不息的世界，人行道上的人们来来往往，似乎谁也没有注意到身边这静止的画面。如同所有的良辰一样，美好得一塌糊涂。

很多年后当苏珞再次回想那个炎热的下午，她依然会为那股清凉感到心悸，就像是久旱的豆苗沐浴到的第一场甘露，铭记并不只是因为鲜有，也掺杂着更深刻的感激。

后来的故事多半有些像小镇里琐碎而凌乱的天空，没有多大的起伏，只是藏青色的一块，每天都是同样的装扮，从不会出什么花招。

苏珞依然会在阳光里进进出出，牵着可乐，牵着她那快要霉变的心情，行走于不大的街区，只是她常常能碰到乔迁。他总是热情洋溢地向她打招呼，然后不请自来地支好自行车陪她坐下。他们之间没有大段的对白，身陷于黑暗太久，苏珞早已习惯将自己深埋于沉默之中。仿佛也只有这样，才能让自己的特殊不再受人关注。她痛恨别人听说自己不幸时栽在自己身上的那副表情，充满了假惺惺的怜悯，让人听着反胃。她更痛恨自己，为什么不能脱离开这个无光的世界，好让自己不再被贴上不幸的标签。所幸，乔迁并没有对此过问过什么，大多数时候，他就坐

在那里和可乐玩耍,他会轻挠可乐的下巴,任它从嗓子里发出欢跃而含糊不清的呜咽声。直觉清晰地告诉苏珞他并不是一个坏人,她想,在只有姐姐和可乐的世界里,一个陌生人的出现,或许也并不是一件坏事。

乔迁会把自己的故事讲给苏珞听,他的过去,他的未来,他津津乐道的兴趣和爱好,一切一切,包括一个他曾经深爱过的女孩子。他曾朗笑着告诉苏珞那女孩有着和她相同的姓氏。他也会出神地望着苏珞。只是这一切她都感觉不到,因为,她那时专注的却是她心里的乔迁,她在心中仔细地勾勒着他的模样,并随着他对她的讲述而逐渐细致入微,就像小时候用彩笔画画一样,乐此不疲。

时间就如同冬日里漫天飞舞的白雪,在乔迁的讲述中,在苏珞的冥想中,一点一点在地上积起厚厚的一打,然后被路过的人随意踩踏,掩实,在晴日里开化消释,最终消失得无影无踪。

转眼间就到了秋初,一切却还保留着夏天的残影,炎热不肯离去,霸道地发挥着它的余威。

苏珞和乔迁坐在河堤上,等待着最后一缕夕阳。四周氤氲的青草的味道,夹杂着很淡很淡的水汽,不断冲撞着苏珞的鼻息。她很不安,她不明白平日里一贯细心的乔迁为什么要执意带她来这里看夕阳。难道他不明白,对于一个盲人,可视的美丽是多大的一种奢望和讽刺?但是,她仍然来了,为的只是他轻柔的恳求。

余热渐渐开始消散,乔迁的声音幽幽地撞击着她的耳膜,他说:"小珞你看,这就是这座城市里最美的时刻。"他的面容在夕阳的隐射下镀上了一层浅浅的橘红,高挺的鼻梁在余辉下若隐若现,眉宇间却蒙了淡淡的忧伤。"小珞,我从来没有告诉过你,我喜欢你的眼睛,它们那么大、那么亮,即使混沌也依然美丽,就如同这眼前的夕阳。"他把头转向她的脸,眼睛里写满了怜惜。"四年前,我就爱上了这双眼睛,四年后,我再次遇上了这双眼睛,为什么它却写满了对我的陌生?"乔迁的声音突然变的喑哑、低沉，像是在质问她，又像是在自言自语。而她在夕阳里一言不发，任凭最后的光辉也逐渐隐去，乔迁抓在手腕的手按得她生疼，她也不挣扎，只是坐着，在夏末的余热里，流干了自己身上所有的水分。

"小珞，你是真的不记得我吗？如果真的不记得，那么你的眼泪，是为谁而流？"

我的眼泪，不是因为那些只属于你和别人的记忆，而是因为，现在，我就坐在你的身边，你的意识里，我的影像却冠着别人的名字……

——苏珞

夏季结束之后就开始进入阴雨连绵的秋季，因为雨水的泛滥，苏珞不再经常带着可乐四处转悠，而是老老实实地待在家里，听着雨滴啪嗒啪嗒打在玻璃窗上的声音。那些执著的雨珠，用力地砸着，仿佛这样就能把自己的痕迹永远地留在玻璃之上，殊不知，晴天里的阳光将会多么无情地划破它们的希望。

已经很久没有见到乔迁了，上次他们从河边回来，他就一言不发地离开了，脚步声很沉闷，苏珞知道他一定很难过，为了她的"绝情"。但这并非苏珞的错，因为他要寻的故人，确实不是眼前的她。想到这里，苏珞有些伤感。因为不知从什么时候起，乔迁就已经住进了她的心里，像是多年来在她心里始终空着一个位置，不知是谁的，也不知道要留给谁，就那么一直空着，直到乔迁填补了那个空白。一切都是那么顺理成章。

突然听到楼下乔迁的声音，可乐迅速地蹿至门口，回过头向苏珞大声地叫着，苏珞慌忙牵了它，下到楼底雨声阵阵的走道里。在那儿，乔迁正咧开一嘴的白牙，笑望着一袭白衣的苏珞，稀稀拉拉的雨点里，没有撑伞的苏珞宛如南国烟雨下闺中少女，纯洁得铅尘不染。他向她问好,抚摩可乐的额头,一切如常,就像他们从不曾去看过什么夕阳,他也从不曾开口问过什么过往。他把一个小袋子塞到苏珞手里,放下了挑起的嘴角,慢慢开口:"这个,四年前,我第一次在校园里见到你,你就带着一副这样的耳环,那后来,我都一直听着它们晃动的声音,我也曾和你坐在阳光之下,也曾和你去看夕阳。现在我依然喜欢那种声音,我不在乎这声音的主人失明与否,我只是想再一次听到……可以吗?"

沉默。还是沉默。苏珞死死地揉搓着手里的袋子,像是要把它们揉碎,一点一点地嵌进手掌里。只有外面的雨点依旧不停地滴落溅出,摔出沉闷的钝响。

梅雨不是离别的信号,却也是伤人的泪。在这个泛了黄的秋天里,断然不会有什么结局。时间它没有错,错的只是那回眸的刹那,和那太过坚定的记忆。

别过头去的乔迁没有看到,苏珞脸上的泪痕,也像这断了线的雨滴,无数次被反复润湿,似乎再也没有风干。而那些泪痕不远的地方,苏珞的耳朵下面,是光洁的耳垂,从来就没有被任何一个洞所侵蚀。

我也曾想要放下自卑与你一同去看夕阳,我也曾想放下固执去填补你记忆的空缺,但是你用这耳环锁住了我的步子。为什么,你还没发现,你要寻的人,根本不是我……

——苏珞

一张并不大的帆布沙发,暗红的颜色像是风干了的玫瑰。蜷缩在上面的苏珞蹙着眉,眼角还残留着一滴泪珠。她像被人抽干了力气,软绵绵的,昏昏沉沉,在心脏的下面,某个不知名的地方,痛得让她难以呼吸。她在恍惚中渐渐失去了意识,开始陷入无边无际的幻梦。她梦见自己十几岁时的光景,梦里她和姐姐苏璎手牵着手在阳光里很开心地笑着,那时她的眼睛那么清、那么亮,美得让人心醉。她涂着五颜六色的指甲，蓄长长的发和姐姐面对面地坐着对画。然而画到耳朵的时候她却画不下去了，因为，她看到苏璎的耳朵上，那在阳光下闪闪发亮的，是两个与袋子里相同的耳环。十五岁的苏璎，带着夸张的会碰出脆响的耳环的苏璎，爱望着夕阳兀自发呆的苏璎，长相与自己相同的苏璎，无数个过去的苏璎的影像重叠在一起，在苏珞的梦境里轰然倒地。只有坐在对面的苏珞，还带着满脸的泪，僵硬地高举着无法落下的画笔……

苏珞醒了，发觉自己双臂擎着，她缓缓地放下胳膊，神经一下子就松懈下来了，她用手抹掉脸上的泪痕，只是觉得很累很累。

天色已晚，她拉开窗帘，却看不到窗外的景色。一直笼罩在她眼前的，是那年站在姐姐窗下的白衣少年，音容笑貌都已渺远地看不真切，只有那一团白色，耀眼得怎么也不肯消散。

就像是一盘惨淡经营的棋，正陷入不知如何是好的僵局，在苦思冥想之中终于发现了一个出口，却仍然输得惨烈。事实上这一局谁都不是赢家，苏珞不是，乔迁不是，苏璎亦不是。真正的赢家，躲在命运的后面，胆怯地露出半张懊丧的脸。

真的不该怪谁的棋艺太差，只是当年的玄机，埋藏得过于深刻了。

时间它从来也没有离开过，它就在点滴之间，作弄着人们。就像乔迁永远也不会知道只相处了几个月的苏璎还没来得及告诉他妹妹的存在，他从一开始就寻错了人，而他本该寻的那个，却早已嫁为人妇，过着柴米油盐的平淡生活。苏璎也不会知道，她在匆忙之中和妹妹被接出原来城市，却把一段未了的机缘，遥遥地留在了身后，年少的誓言，曾经幻想过的美好，那些也曾令她流泪徘徊过的记忆，其实并不像自己想象中的那样脆弱。而这一切，只有苏珞知道，她像一个虔诚的信徒一样把这秘密守在心里，只在乔迁离开的那年告诉了姐姐。机缘最终也只能是机缘，苏璎她懂，所以只能苍凉地一笑了知。乔迁也懂，所以他最终还是踏上了前往加拿大的飞机。

都有了去处。

可能他们都会看见,下午的某条街道,满眼是风。可能他们都已经听见,算命者还在到处游说着当年的良辰和秘密。

一切都还和过去一样。

但是任何一个人,却都沉默了。

味蕾记忆
文/张梦璐

他们曾经同过班。

那还是十几岁的光景，两个人都不是在最美的季节。有点生涩，有点木讷。

他们本该是没什么交集的两人。少时的她有张婴儿肥的小脸，一双大大的眼睛常带着孩子气的狡黠，不内向，却很感性。那时的她爱做梦，希望会有个既温柔又浪漫的男生牵起她的手，然后幕天席地，终老此生。他面容清秀，却倔强古怪，一向与温柔浪漫之类的字眼无关。出出进进，一顶故意压低的黑色压舌从不离身，硬是用几分霸道把他和她远远地隔开了。

她不曾关心过他，他也不曾注意过她。

交流仅限于"官方"的对话，"你好"、"再见"、"对不起，请让一下"或是"老师让你去办公室一下"。简单到不能再简单，谁也没想过要加上点什么。她对他保持着陌生的矜持与畏惧，而他对她则是与生俱来的冷漠。

那么，是什么时候开始熟悉起来的呢？是他当了数学课代表，而她

不得不前去哀求,请他擦去交不上作业的自己,是她在雨天发现他们同路并且目睹了他与同伴摔倒的滑稽场面,还是?

那个夏夜,他突然提出要送她回家,她抿了抿嘴唇,竟然没有拒绝。

她隐隐约约地觉察到,他们之间有一块温暖的地界存在,地界的扩大就如同植物的生长,从清晨接受的第一缕阳光到夜间吞食的最后一滴露珠,生长一直持续不断,但它们从来默不做声,一株一株地潜滋暗长,等你发现,已是位于齐腰的草场之中。

她开始习惯他的陪伴,为他而哭,因他而笑。越是走近,就越觉他的深邃,越觉那桀骜的外表下其实隐匿的是一颗细腻敏感的心。与他谈笑的时光,是一场回归自然的旅途,放下了羞涩,放下了伪装,舒适且淡定。而他亦在她孩子气的笑容里觅到了一份甜蜜与勇气。

他们拥有自己的世界,街角的小店是他们的"老地方"。店主是对恩爱的四川夫妇,为人亲和友善,店中生意也因此总是很好。放学后他们常常手捧凉面对坐,没有了世俗的目光,他们如同年龄相仿的兄妹,不再是青涩的表情,更多了一分灵犀。说说笑笑,笑笑停停,他们拥有相互间生来便通晓的交流方式,令时间也随之疾走暂停。

世界回归混沌,他们却仍然彼此通透,宛如两滴琥珀。

许多年后想起那时的情景,她依然会不自觉地嘴角上挑,那是最美丽的记忆,即使结局最终还是惨淡收场。

或许还是太年幼了吧。公元前太小,公元后又太老,谁都没有看见到那一次真正美丽的微笑。海子如是说。

但毕竟还是爱过的,尽管明白时间的错位,分道扬镳的痛楚还是像小猫的爪尖,狠且深地抓伤了她,令她顿时失却了所有寄托。

她仍然出入那家面馆,却已是怀着缅怀的心情,坐在同样的位置,与夕日明媚的自己,对坐流泪。

无论虚度与否,时间不管对错,青春就这样退场。毕业,大学,就业，他们去了不同的城市，从此不再相见，亦过着不同的生活。或许也曾在某个不同的角落想念过对方，但那曾经窒息的心脏是不会再次揪紧了。

　　她以为她早就忘了他，连同她做女孩时的轻狂一并忘了。现在的她已是孩子的母亲，每天忙于家庭与世界的琐碎之中，生活像尊巨大的过滤器，忙碌使她忘却，旧伤，旧梦，泛黄的记忆，在她心中好像还不及孩子的一顿晚饭重要。她或许是老了，谁知道呢？岁月这盘棋，无非是见招拆招，你总要知道如何取舍。

　　其实也并非不愿回顾，大学毕业后，她曾回过那座小城，于琳琅满目的店铺间寻找那家面馆的身影，却无果而终。许多年过去了，老城区在改造，他们曾经牵手走过的河堤不见了，曾经在上面刻下过对方名字的法桐不见了，过去的世界正以惊人的速度迅速颠覆，没给她半点回味的余地。

　　如果说物是人非的故地重游是一种痛极的感伤，那么人非物也非又如何呢？

　　她蹲坐在他们昔日上课的校园门口，茫然地好像还是当年的那个孩子。

　　她从小城回来后，就彻底割舍了那些过去的记忆。她结识新的朋友，寻找新的工作，遇见了自己的丈夫——一个内敛的成功男子，后来又诞下了一双儿女。她开始安于这种踏实厚腴的生活，儿女将是她下半生的希望，她善于牺牲且毫无怨言。

　　那天，她带他们去游乐园玩耍，半路，她小小的儿子扯住她的衣角，要去路旁的小店吃一碗冷面。她逆光看去，那是一家川味的面店，新开的门面，贺喜的条幅还横在上面，生意倒已是红红火火。她牵着儿子的小手，顿了一下，走进店内。

　　打量着面前的冷面，她突然有种熟悉的感觉，仿佛这样的场景曾经有过，只是混沌难开，不可名状。入口，咀嚼，吞咽。心室下的缝隙

瞬间展开了新的天地，天空向上的无限延伸，牵动着翻滚的视野，在那里，不仅连接着过去，也绵亘着遥远的未来。

她小小的女儿抬起正在吃面的小脸，用小手指细细地揩去她脸上的水珠："妈妈，你怎么哭了呢？"

她对着那碗冷面，泪流满面。

店铺的另一角，已是中年的店主正若有所思地注视着她，文弱的面容现出浮世的剪影。她的神情令他想起初日的恋人，相似的眉眼与神态令他怦然一动。应该不是吧，昔日孩子气的她又怎会蜕变得如此成熟妩媚？他兀自笑笑，继续埋头翻看一簿账本。

他大学毕业，自创了一番事业，过着奢华的日子，却不知为何独独开了这家简陋的面店，味道与风格，都与当年，从无不同。

原来。

即使记忆忘却了，味觉它也不肯忘。

那些味蕾们，从来不会遗忘。

寂寞的故事

文/磨蔚

当一个人开始回忆的时候，他就开始苍老。

——题记

一

夏季燥热的风狠狠席卷了这个还在寻找春天凉爽的城市，树木间终年不化的水汽消散，阳光切着锐角射下来，蔚蓝的天空澄澈透明，没有云，那么近，又那么远。风那么大，一根根拂起我的眉头，锈红色的窗帘总是微微鼓起，我觉得一切有些温柔得说不出话来。到了晚上，星星是淡黄色的路灯，深绿的扁桃树散发着厚重悠远的树的气息，在窗口一小块特别银亮的月光里摇曳。

这是我喜欢的城市。它不纸醉金迷，没有物质颓靡的气味。就像一朵百合花，有些烛影于世自顾自的美丽。有些寂寞。R说，夏天是提笔最好的季节。可我却兀自失语了起来。我试图去回忆一些过往的人和事，以及艰难走过的一年光阴，在熟悉的小城，独自徘徊。这样的夏天，于生命留下的只是狭长而落寞的影子。在影子深处，某些已经再也

看不到的面孔偶尔还会闪烁起来。我想起来，便会觉得，这是一段适合搁置在角落的回忆。

二

每天穿过一样的街道，走进相同的松林，曾以为生命注定是这样单薄而拘束的行程。可每天的景色是不同的，疏忽会是对它怎样不可饶恕的辜负，我们往往不去计较。除却幽怨，还能不能留下一页素洁的静默的纸张，用寂静而细的笔尖去面对把自己也置于清冷的场景。

一路上有灯。就算这个幽深的小区，错落的植被繁盛，住的人稀疏，依旧有几盏灯是亮着的。每次进来，总有那么一刻感觉像是迷路了。因为静得可怕。偶尔有狗吠声，很刺耳，但给人很安全的感觉。我时常在这个我并不居住但要经过的小区里有一种迷路的感觉。这种迷路，有时是因为寂寞，有时又是因为欢腾。经过的时候，常常是夜里九点左右，我会一个人边走边做各种奇怪的动作，侧身走，退着走，影子随着稀疏的灯而拉长拉短。因心情的不同，那影子也跟着时而寂寞时而欢腾。

在一个拐弯处，远远的，有一盏很漂亮的灯。这盏灯是小区的公共设施，但它一直保存完好。因为灯旁的三层日式别墅常年住着人，而且装饰考究。这里住着一家搞美术的人。别墅大门的石头柱上也有两盏灯，大概是备用的。因为小区的别墅群里人烟稀少，路灯多是坏掉的。只有他们门口这一盏一直安好如初。每次拖着寂寞的影子经过时，总会有特别的感觉。

那一夜，在每天要穿过的那个小区里碰到一只猫，那是我第一次与猫相处那么长时间。时常看到五六只猫在夜色里穿过，幽灵一闪的。可这只猫不同，它是闲散的样子，也不怕我，在一辆小车旁嘶哑地叫着。我走近，它便用透着蓝光的眼睛看我。我轻轻移着步子后退并唤它，它便前走几步。神情微倦，很落拓、很清冷。当时我想，如果它一直跟我走，我就养它。它没有跟我一直走。我离开时，回头看它，我的影子被灯拖得很长，正好罩住它黑白相间的身影。那时突然感到，影子是因为寂寞太黏稠才匍匐成一片化不开的黑。

因为太寂寞。

因为，太，寂寞。

周末的时候和好友通电话，说自己好想她。好多话就堵在了喉咙口，哽咽着，却只是轻轻地叹息，独自在电话这一头抽泣了起来。我说已经适应了辛苦的生活，一切都很好，不要挂念。就如此一点一点往心里塞着，和认识或者陌生的人打招呼，一个人闷在卧室里，玩手机到很晚。

三

期末考是在六月底。悄然间气温突然就升了上去。很早的时候就会有男生穿薄薄的衣服，开两三个扣子，打着哈欠，陆陆续续往教室赶。因为不喜欢和太多人一起热闹，所以那段时间我都会在教室看书。由于楼层较高，又坐在靠窗的位置，打开玻璃窗，偶尔会有辣辣的风吹进来，刮得脸发痒。

下午从教室出来，会一个人去操场上走几圈，低着头，一步一步缓慢地移动，不时会有蝴蝶在眼前飘过。然后背着书包回家。夜里会显得特别冷清，安静得让人不自在。所以那几天也是早早就上了床睡觉。

最后一科交了卷，没有和谁打招呼，只想快些离开。到家还很早，简单地吃了东西，洗了热水澡，便躺在床上闭目养神。是睡不着的。头痛得厉害。

一直都试图告别，却战绩平平。现在，已容不得我后悔。或许蜕变已经近在眼前了。只是还缺了点什么。

四

夏天的气味更加浓烈了。随处可见茂盛的绿色植物。还有各色的花。

后来上作文班的课,我看着绞尽脑汁也想不出怎么写的题目发愣。作文老师激昂地读顾城的诗,诗集高举在眼前,像个二三十年代的爱国青年。我先是觉得好笑,可是看她认真的样子,扭过头,鼻子一酸,有点想哭。我坐在第二排,默默地用笔在草稿纸上乱画。偶尔托着下巴听老师说话,毫无表情。下课的时候老师从旁边走过,她笑着打了个招呼。我也一如既往地回应。回家时依然看到一辆黑色天籁停在那里,停在同一个位置。只是,如今都有什么改变了呢?

回家的路上总要经过一片树林,长得枝繁叶茂的。街灯有些倦意,光线透过缝隙落下来,影影绰绰,虽然有些暗,倒是很有几分静谧的感觉。周末会带上几本书去那里看。临近湖泊的地方有一些石凳,地面有些湿,空气中隐约有水的味道,很清新。看《大地之灯》逆着光,有一圈圈明亮的光泽,好像已经将自我抛弃给大自然,找回那些遗失的最真的过去。

都说六月花儿都盛放了。可一直走在路上的我,却始终没有看见。

五

小城的晚上,时常打雷,大雨滂沱。教室外漆黑一片,只有楼道里有几盏探照灯还微微亮着。嘈杂,所有的人都在大声地说着话,无所事事地在这个教室和那个教室之间穿梭。有人说笑话,说是以后找不到工作,就留下来教书罢了。很爽快的一句话,却是写满了一种几近崩溃的无赖。我有些受不住,于是一个人,带上耳塞,站在楼道的尽头,唱张靓颖的歌,黑黑的不怕被人看见,嘶哑的声音在雷雨声中也不再分辨得出来。

还有五月天的《倔强》。轻轻地跟着曲子哼。煎熬般的高声部分,有些诡异的假声。只有自己可以感觉得到的,情绪和鼓动。

六

告别，去另一个城市。坐在大巴上，看渐渐消失的街道和房屋，却隐隐有些不舍。我说，等我长大了，不会再回来。默念着，默念着，毫无留恋的决绝，心却像被揪住一般地疼。

鲜为人知的小镇，人来人往的马车，绿得几近透明的河水，还有四下里扬起的灰尘。喝很多的水，睡冗长的午觉，看电视到很晚。在每一个看不清表情的夜里，站在阳台上，唱苏醒的《preface》。那个有着干净的眼睛，明朗的歌声，还有可爱表情的大男孩，握着麦克风，一路追逐自己的梦想，倔强而坚强。当他最终得到第二名时，我的泪水在眼眶里直直地打着转。可我还是强忍着没有让它流出来，说过要坚强的。

和母亲谈进重点班的事，本来觉得没什么把握的自己，看着母亲期待而疲惫的目光，又一次在现实面前妥协了下来，答应自学课程，请老师教课。我又怎么忍心告诉她，我在学校里以怎样的姿态在穿行着呢。很多次被急速的打击刺激到痛哭的经历，也有迷惑得意欲离家出走的过去，到现在依然有解不开的人性中的弱点。今天否定昨天的一些想法，明天敲碎今天的一些信念。我不再是当初那个天真的孩子，以为一颗糖果就能够香甜整个世界。但我还想一直做她心中的乖孩子，那个让她骄傲的女儿。

仿佛是一个诺言。我再一次地许下。毕竟习惯了就会好的。

七

寂寞城市里寂寞的人和寂寞的事。

那首，我曾经认为寂寞的歌，现在已经听不出曲调里的波荡。我终于明白，再大的困难与艰辛都会随之远走。我们经过的阴霾暴晒在行色的尘嚣中，一文不值。可是，我们究竟该以何种悲怆躬身，才能在时光的流转中看到远方的幸福，才能与昨日挥手告别。

彼岸之结
文/曹兮

今生

六月的天气让人感觉很舒服，那月的雨，将一切都冲刷到渗进一股发霉的味道，仿佛会回到以前，是，有时，会让人产生这种错觉。

空荡的医院安静的让人窒息，似乎随时会有什么从身后窜出来。

子规推开一间老旧的病房门，子缡在窗旁盯着一张发黄的地图，据说是那一张记满古代各个城乡名字的地图。

"姐，我送饭来了。"子规轻轻地敲了下门板，她回过神来，扬起嘴角。

子规讨厌她的笑。

子缡招手唤他过来，随即又指了指地图和现代版地图，写下两个字：彩缡。

"彩缡？哪有这个地方？"子规责怪她的莫名其妙，她只是笑笑，又写下两个字：忘川。

"忘川？"

子缳点了点头。

从子规记事起他眼里的子缳就从不说话，仿佛一说话她就要死去一般，听起来有点像是一辈子只唱一次歌的刺鸟，当她歌唱的时候，便是她生命终结之时。

子缳轻轻地靠着窗户，披肩的长发恰巧盖住苍白的脸颊，目光落处，一身白衣的护士正在花坛中挑拣太阳花。子规本以为她会笑，叫她时却看到满眼的哀伤。

"姐，要好好吃饭，我上班去了。"

轻声关门，子规想着现在的姐姐一定在微笑着目送自己，不觉心情糟糕了几分。"刺鸟吗……"闭眼静想时，忽然听到一串急促的奔跑声，刚一睁开眼，就撞了个满怀，点点淡紫撒了满天，瞬间，他的脑海里闪过彼岸花的模样。

"你没事吧？"

那人抬起头，一双漆黑的眼眸让他觉得似乎在哪里见过她。

"抱歉，我跑得急了些。"她低下头，匆忙地拣拾紫色的花朵。

"不会。"简单的敷衍过后，开始在空荡的走廊里悠闲地穿过，淡雅的阳光一遍遍地扫在身上，但他却为这舒服的场景有着一股令人作呕的消毒水气味而叹息。

无视走廊墙上禁烟标志的存在，尼古丁带着死亡气息的飘散在流向他身后的空气里，形成一阵诱惑的迷烟。

子规对自己来医院所浪费的时间感到不值。

其实他仅是想看看她在不在。偶尔对这种不自觉的行为，会感到厌烦，会让他以为父母并不爱姐姐，似乎是这样，姐姐是多余的，是要靠自己供养的，除了一张倾城的面孔和异常虚弱的身体，连话也不说，好像什么用都没有。

为什么子缳那么像刺鸟呢。他想。

他不会放弃这种想象，至于这种妄想会持续多久，有可能是一年？

十年？或是一辈子。

前世

闻人国内有一条寂静的河，无人能靠近，也未曾有人去过河的彼岸，只能远远地看到一片深绿，了无边际，唯有在春分与秋分时，对岸一夜间变作绛红，宛如三途河旁的火照之路，红光明艳。

还记着母后曾带凌来过，仅一次，他亲眼看着母后永远沉在河水中，一片涟漪都没有泛起。

凌的父王抱着凌，漠然地看着这一切。

"凌儿，你要记着，在世上你只能爱自己……"

带着这句话，凌度过了他的童年时期。他不停地练剑，直到他第一次杀了父王派来的刺客，他明白了父王所说的那句话，也懂得能继承闻人国的只有大哥，而自己随时都有可能消失，所以在他尚未成熟的心智里有了唯一可以让自己存活的方法，就是变强，要变得比那些接连不断的刺客都强悍、残忍，却又要在父王和哥哥面前装作软弱、不问世事的样子，那时，他不过十五岁。

除了练剑之外，凌最喜烈酒。一场激战过后他总要喝上几杯，因为他知道只有这样，对于死亡他才能看得淡些。每次的针锋相对，每次的凯旋，和每次父王那敷衍的笑脸，他都默默地记着……

日子有规律地重复运作着，杀戮，嗜酒，父王的笑，凌知道这种日子会被打乱的。于是，在这不停重复的时光中，凌见到了长离。

他记得那日正是春分，寒意未消，河对岸成片成片的曼珠沙华竞相绽放。长离躺在河岸边，浑身血痕，筋疲力尽，树林中丰国士兵的身影穿梭着。

但当凌看到几个内卫突然从身后冒出时，想都没想，就命令随从托起负伤的长离躲进了不远处闲置许久的箐晖园。奢华又荒凉的庄园，凌也只来过一次。

等到内卫都离开了，凌开始仔细打量所救的人。身上的佩饰极尽奢侈，身着一袭火焰般的锦裘，脸庞俊美，带有王族的傲气和高贵，一时间，他恍惚觉得眼前的她不是真的。隔日，凌再来到箐晖园，刚踏进门，悠扬的箫声传了出来。疾风吹过素纱，也掠过他同样素色的脸颊，不留痕迹，凌不自主地停住，静静地凝望着宛如彼岸花一般的她。

箫声戛然而止，他见她缓缓走来，跪在自己面前。

"公子救命之恩，长离感激不尽。"

凌冷笑，甩袖而去。

次日，他本想再细问那人，却只看到屋内一摊干了的血迹和淡淡的没香香气。

凌再见到长离时，是在闻人国的璇烨殿，她跪在地上，身上已换成素衣，那是奴隶的衣裳。

"为何不做你的酆国郡主。"凌冷漠地坐下，端起刚泡好的茶，他从不用仆人，宫殿里也总是冷冷清清的。

"长离做牛做马，也要报公子救命之恩。"

他奸诈地笑了，抬起长离的脸，说："你真美，美得像毒一样……"凌喜欢看她的一脸坚定变作疑惑，"将你的国家毒死，你……做得到吗？"

他见她抿了抿红唇，一声不响地离开。

之后的几个月，他没再见到长离，当父王要他向酆国的天祁公主提亲时，他真正见到了她，以酆国郡主的身份和凌相见。

他随着酆国的侍者缓缓地走进宫殿，脸上已不再露出那样的笑，取而代之的冰凉、可怕，显示着她是强者，是一匹剽悍的野马，无人能够驾驭和驯服，即使她是个女子。

"参见昭王、闻人殿下。"

她低下头，轻盈地跪下，高傲，清冷，仍是那身华贵，却奇怪地看

着父王。

"借闻人殿下的婚事之际休战，缓和两国间的关系……"她缓缓地讲着，那倾国倾城的相貌，却能灭了国家，破了山河，凌明白了自己已遇上了他一生中的牵绊。

焦急地走回宫殿，清冷的回廊，脚步声却交替响起，长离一直跟在凌后面。

一根看不见的线，将他们系在一起，难以分离。

今生

进入雨季的第一天，子规模糊地记得是夏至左右，他收到了一件从远方寄来的包裹，发出地清清楚楚地写着：彩缡。

寄来的是个紫檀盒，刻着"彩缡"两个苍劲有力的篆字。

子规带着盒子去了医院，雨中的医院压抑无比，蔚蓝的天空深陷进雨季的阴谋里，普照万物的阳光被吞没，医院脆弱的寂静罩上一层阴暗的恐怖。

站在病房门前，他抬眼就见到子缡侧卧着，冷风打过书页的声音在屋里放大到了极限。他蹑手蹑脚地开门，子缡一转身还是发现了他，但又转了过去，当做什么都没发生似的。

"姐，你怎么了？"

子缡呆呆地凝望天空，就像是妄图逃出牢笼的鸟一样，他递过那个盒子，收到的是姐姐一脸的惊讶，她略微颤抖地打开，柔和的紫绢上躺着墨绿色的箫，顶端挂着镂空的白玉，似乎还缺了一块嵌在里面，她轻抚后，放到嘴边，又轻轻地放下，紧抱在怀里，泪水滴落在箫上，顺着箫的身体将生命融于墨绿里。

她的脸庞被泪水征服，不再拥有当初那令人厌恶的笑容，子规的心底有了一丝邪恶的快感——他喜欢她的哭泣。

"姐？姐？子缡！"子规摇晃她消瘦的身体，她却沉浸在悲伤中，一点儿反应也没有。

子缡摇摇头,捂住了脸,示意子规出去。

踏出病房的刹那,哀怨的箫声接踵而至,仿佛感受到一条冰凉安静的河流,哀伤地掠过岸边盛开着的花朵。记忆中,似有似无地曾存在过那么一条河滋润着只在秋天绽放的红黑色花朵,回首,长发飘逸的子缡站在窗前,随着她的笑容,那哀怨的箫声停止了,她又像平常一样笑着送子规离开。

那张脸和她那招牌式的笑容是如此不搭配,或许她还不知道,自己所喜爱的笑容在子规看来是如此的虚假做作……

以接近于奔跑的速度在医院里行走,黑色的,绿色的,苍白的,混杂着的色斑,子规仅能看到一些色斑在视线里一闪而过。

他停了下来,不知不觉,已迷失了方向。

只有不知何时才会停歇的雨陪伴他。

心情,前所未有的失落……

他慢慢闭上眼睛。

"我在哪里?"

"子规,你真的都忘了吗?"

"什么?"

"你说过会带我看曼珠沙华,你都忘了。"哀怨的箫声再次响起,他终于知道是子缡的声音。

"姐,是你吗?你在哪里?"

"不,我不是,为什么你喝过后却遗忘,而我到如今都记得一清二楚,为什么……"

前世

立秋后的寒雨,打在琉璃瓦上叮当作响。

毒酒端到面前,仆人们一一退下,青灯衬托出一种绝望,摇曳着在

风中熄灭，金黄丝绸挂满宫殿，此刻变作惨白，垂在地上。

冠上莫须有的罪名，只为巩固一人的天下，而这天下却不是父王的。这个朝代，日日的杀君弑父，凌有准备，要么有天会死在父王手里，要么就是亲手结束掉父王的生命。可他仍不如他的父王，晚了一步。

璇烨殿的富丽堂皇，如沼泽般侵蚀他的身体，仿佛要窒息般的饥渴，咽下多少酒都无法填补的惆怅，但只需这一杯，所有一切都无须再牵挂。

苦酸的酒灌下，埋葬了乱世的纷扰，甘心成为天下霸业中一抹不起眼的血红……千疮百孔的天下满是鲜血。

倒在宫殿内，痛苦地呻吟着，鲜红的血流了一地……

他使尽最后的力气，盯着那扇门，一刹那，闭死的门打开了，没香的气味，无法言传的银白，凌的心里明白，是她。

他看见了她手里的银白，一根根细细的线，沾着鲜血。

"凌，这就是你最后的结局……"长离的身后，大哥那张刚毅的脸，诡异地笑着。

红线绕在凌的颈上，他没有临死前的恐慌，他知道自己喝下毒酒就已是必死，只是那根线，他以为那根线可以牵制住长离，助自己夺得这个天下，结果却是换回自己的灭亡……

凌觉得自己的身体很轻，仿佛飘在一条路上，不知不觉，他模糊中见到了母后，站在忘川彼岸，繁花盛开，火照之路重现，他仍毫无知觉，对于一切都感到麻木，这是他与生俱来的一种冷漠。

"凌儿……"

凌想张开嘴，狂乱的风逼得他不得不向后退，再睁开眼，见到的却是长离的脸。

"主子……"凌看了看四周，是他和她相遇的箐晖园，已被她打扫得一尘不染。"好些了吗？"

脖颈宛如火灼般的伤痛，要烙下印迹，证明彼此之间的羁绊有多深，"我知道你做的这些都为了谁，但她即将是父王的妾，你能怎样？"

他转身拾起地上沾满鲜血的布。"三日后，天祁就嫁过来了。"

"给我讲这些有什么用。"她仍旧不答理凌。

"如果你为她……"他顿了一下，停在那里，"就告诉天祁别白费力气，否则你就会失去更多。"

凌捂着伤口下了床，他想起了母后，想起了她也曾是鄹国派来的刺客，但却留下自己，仿佛是赎罪似的，成为父王的剑来砍杀着鄹国。

站在河岸口，他盯着远处被雾气笼罩的彼岸，花朵凋谢后的深黑色，颓废的枝叶凌乱不堪，影射着凌残缺不全的人生，他被这扭曲着的岁月折磨得身心憔悴，只能用鲜血来刺激陈旧的身体，支撑自己活下去。

他再回去时，长离走了，留下张纸，仍是那句话：公子的恩情，长离来生再报。

凌想起了自己曾抓过的一只鸟，不鸣叫，却想要扎入荆棘中，它是被误射下来的，只是碰到了翅膀，但他却没有杀了它，伤养好的那一日，它飞走了，后来再见到它时，它仿佛在等着凌，仍在那片荆棘丛，它开始鸣叫，将身体深深地扎入荆棘中，一遍又一遍地重复着美妙的音律，直到自己的血液流干。

"鸟吗？"他闻了闻那张纸，留有淡淡的没香，他扔出窗外，装作若无其事，装扮好自己后，回了王宫。

父王那慌乱的表情让凌觉得可笑，他想父王肯定会惊奇为何亲手被自己毒死的二儿子会站在宫殿里。

"父王，殿内遭刺客埋伏，儿臣因有事外出才躲过一劫，特此禀报。"他瞧了瞧父王，紧张的表情变得松散，又是那种苍老的奸

诈的笑。

"凌儿,三日后就是你大喜之日,快去好好准备吧。"

"是,父王。"平静得不能再平静,凌压制着自己的愤怒走出宫殿,他知道不会再给父王任何机会,他要亲手杀了他。

鄪国的煌霄殿内,歌舞升平,觥筹交错,繁盛之笔所写下的尽是没落的前身。

王座上那荒淫无道的鄪王正端起酒杯邀凌共饮,敷衍地端起一杯,到了嘴边却无意咽下。

"凌皇子,为何不尝尝看。"

抬头间,凌仍见她手执长箫,但王公大臣们却面如土色,而王座上的鄪王原本的笑脸也变作阴沉,似乎在座的无一人欢迎她的到来。

"鄪王,这位是……"他似乎无视所有人的存在,淡然一笑。

"本王的长女,长离。"

她脸上的笑,坚韧却又妖媚,仿佛王朝的兴衰就在那一颦一笑间更替。

大婚之日,他还是见到了天祁,拜完堂,喝过酒,头盖着红布,进了洞房后,趁自己假睡时被人从自己的宫殿送到了王宫里,凌脱下伪装,独自喝着闷酒,半醉半醒时,他感到有什么要勒住自己。只是一转身,一反手,银线划破手指,紧握在手里,面前之人却不是长离,是他从未见过的女子,外表酷似母后。

"天祁。"他明白了什么,那个被送进宫的人是长离,而不是天祁。

"你怎么知道?"她手中缠着断了的银丝,是喂过毒的,凌不觉什么,他中过的毒要比这深得多。

"带着你的情郎给我滚!"他终于愤怒了,杀了父亲的居然不是自己而是个瘦弱的女子。"滚吧。"他带着酒壶出了殿,"她无法再保护你了。"

瘦小的身影晃了晃,随即消失在黑暗之中,凌走在冷寂的回廊里,殿内传来低泣声,他漠然地感受着这一切,这样的年岁里没有谁会相信眼泪,没有人会惧怕死亡,每个人都不算是真正活着的。

隔日,父王遇刺,刺客失踪,凌在王宫里听仆人传过大哥将继承王位消息后,醉醺醺回到箐晖园,他推开门的一刹那,长离一身红衣倒在地上,身上全是剑痕,空洞地盯着凌,那一刻,凌的心有一丝痛楚。

"究竟为了什么,值得你拼了命保护她?"地上的人眨了下眼,眼泪无节制地流淌,眼神仍是那样空洞。

"只有保护天祁,他才不会伤心……"她突然抓紧凌,喃喃地说:"他仍爱我,他仍爱我……"

凌颤抖着,轻轻地吻着她的脸颊,只是触碰,凌却暗暗地心痛:如果你不是他的女儿该多好……

此后有一两年里长离一直那样精神涣散,于是,她就待在箐晖园中,不理世事。偶尔她会问凌:"当初你为何会救我?"凌总是无言以对,全天下都知道他的残忍,根本不会在意身边人的死活,接二连三地过问长离,无人知道是演给长离的戏。

凌知道长离已被自己锁住,像是那只鸟一样,却不知道何时会发出一生中最美的声音,凌一直在等待着,等着绝美的长离,浑身是血时吹奏着令天地动容的箫声。

"长离。"

"嗯?"一日,他到箐晖园喝酒,长离为他斟酒,她仍是那俊美的样子,却早已不属于这世间。

"你要是平民该有多好。"一杯酒入肚,长离放下酒壶,起身。

她怔了怔，接着又笑了。"那样，你便会娶我，是吗？"

凌细细地看了看长离，又接着喝酒："戏言而已。"

"为何不遵从你王兄娶妻纳妾？整日奔波在边疆不觉厌烦？"她取出箫，一遍遍地擦拭。

"厌烦？如果他们都去死，我就不会厌烦了。"凌盯着自己的那双手，白嫩得不带一丝瑕疵，指缝间却能闻到那种若无若有的血腥味。"你杀过多少人？"

"不记得，远不如你多。"广藿香隐隐的气味，混杂着长离身上的没香，像他一杯杯入肚的酒，令凌着迷。

"想过为什么杀他们吗？"凌有些疲倦地倒了杯酒，想驱走还未完全散去的寒气。

长离听后，毫不犹豫地说："如果不杀了他们，死的就会是我。"

残忍无情的回答，凌只给予一种近乎蔑视的冷笑，然后咽下杯中的烈酒。

"别喝了。"

凌不想理会她，她感到自己从未有过的恐惧，如此空虚的他，她从没见过，"别再喝了。"长离的银丝碰掉了酒杯，凌索性举起酒壶，一口接一口，也不知多少才能洗刷岁月所带来的罪恶，满满的银丝缠绕着手臂，他拼命一带，长离跪倒在地，悲伤地看着凌。

她不会明白凌的放浪不羁，不会知道那一次的毒酒在凌的身体里开始蔓延，他已不能再用剑，也无法杀了那些想要除掉自己的人。

"快到春分了。"凌解开银线，那些线，不知沾满多少人鲜血的颜色，比彼岸花还要绚丽的绛紫色，"曼珠沙华开时，我带你去看。"

凌摇摇晃晃地离开，脖颈的伤口越发疼痛，悠扬的箫声传来，他第一次在没有鲜血洗礼下感到满足。

"你要真是普通女子该多好，长离……"

今生

张开双眼,冷雨依旧,他发现自己仍在门口根本没挪开半步,转身,子缡失落地看着他,怀里抱着箫。

"子缡,你为什么都不说话?"

她摇着头,不愿回答。

"说呀,为什么你不再说话!"二人在病房里僵持着。

"子规,你真要我说出来吗?"她的指尖划过子规的脸颊,"为什么……这么残忍……"

子缡就像是刺鸟一样,开始了一生只有一次的歌唱。

她慢慢地坐在窗边,狂风夹杂着雨似乎随时都能将她卷走,他永远忘不了那哀怨的箫声,记忆深处他曾听过的最割舍不掉的箫声,他记起自己曾给这曲起名叫做忘川。

子规想起了眼前满面忧伤,却倾城倾国的人,依稀记得前世身边似有容貌和子缡相近之人,但关于那人的种种却一点儿也记不得。

"子规,一切都晚了,都结束了,我已没有任何理由将你绑在我的身边……"

他见到子缡张开双臂,依旧带着那美丽的笑容,身体向后仰去,就像是刺鸟将身体插入荆棘一般,无所留恋地坠落。

他没有发出任何声响,独自流泪,他不敢走向窗边,他害怕看到那如彼岸花一样的颜色从子缡身体里流出,缓缓地向外流淌,就像是渐渐绽放的曼珠沙华,更可怕的是在盛开的红色花朵中,子缡那绝世的笑容,残忍地略带血腥地僵在脸上。

和前世若有若无的记忆重叠了,前世,他曾陪着子缡一起在开满曼珠沙华的河畔死去。

前世

事隔三月,凌率领十万大军攻破酆国。

天下，终是一人的天下，而这天下却不是凌的，他不过是一把剑，天下一统，那些征战沙场，奋勇杀敌的往事，也被搁置着，直到天下分散的时候，只是他已等不到那一天。

"我累了……"长离最近总听见凌在念叨，而且他昏睡的日子也一天比一天长，他知道那残留的毒酒开始发作，他会慢慢地静悄悄地死去。

"凌，你想要什么？"她不停地问凌，凌却一次也没有回答。

她不知道为什么要待在这个人身边，他是一把锋利的剑，断送了鄜国的性命，一统江山，本应所向无敌，却又被他所亲近的人搁置。

被搁置的剑，只有一个下场，那就是死。

春天到了，来得晚且苍白，没有艳丽的花朵，没有杨柳依依，就像征战遗留下的惨痛，斑驳的，让人不敢直视。春分已到，凌从昏睡中醒来，长离一直在吹奏着，一首名叫忘川的曲调。

"长离，我还要睡多久？"看着窗外的曼珠沙华，长离握紧墨箫，笑着说了声："快了……"

凌不知那笑容后长离所想。

小暑，忘川彼岸的绿，妖艳如他，灼伤双眼，每当凌瞥见那河岸旁的绿，身上都会隐隐作痛，那杯毒酒里所放的就是彼岸花，残留的毒已在身体里扎根，不知何时还会日夜昏睡。

长离觉得燥热，她不知凌所想，只知道他憎恨他的父王和皇兄，长离也不知自己能做些什么，自己已被凌牢牢地束缚住，心甘情愿地束缚住。心，不安地跳动着，略带着疼痛，她有些不知所措，时常看着凌的背影也会心痛，她知道这就是命，命中注定要被他囚禁。

黑彻的夜，一股幽香飘起，长离眼落处，凌深深地睡去。"你永远也不会懂。"

长离点燃没香，淡淡地吹奏着，直到一顶漆黑的轿子停在箐晖园外，她才进了大厅，绛紫色的桌上摆着她亲手做的饭菜。长离换了一身新衣后，盯着那些下过毒的饭菜，看起来它们如此精致，让人很有食欲。

"王。"长离请安后，立在桌旁，隐隐地吹着。她看着王一口一口地吃下自己亲手烹饪的佳肴，苍白的脸上升起一弯笑容。

王淫荡的眼神印着长离的样子，却越来越模糊，她慢慢后退，王突然捂住脖子，瞪圆双眼，一只手想要抓住长离却只差分毫。

她开始吹奏，曲调平静且忧伤。

冷月无声，沁浸长离的青丝间，王最后的喘息随着箫声在厅内渐渐消散，剩下没香和死亡混杂而成的香气。

"王，不知长离备下的小菜合不合王的口味。"她轻笑着缓缓靠近死不瞑目的尸体，跨过之后，轻盈地离去。夺了一人的性命，夺了一座城池，更换了一个朝代，只在她一曲终了，一颦一笑间。

凌如愿成了王，原本最应该被杀的人，却成了杀君弑父者，这就是扭曲的一切所结的果。他却毫无知觉，他根本无法真正得到天下，无法成为真正的王，一到秋分，身体内的毒便会发作，像河岸边彼岸花一样满身血红。

但是，凌做王的第一件事就是下令将长离打入死牢。

日后，凌只管寻欢作乐，不理朝政，无人理解他的荒淫，也无人能结束他的性命，他也曾想过，如若要死的话，定死在那人手上。

秋分如期而至。

凌亲手点燃整座城，火光接天，他踉跄着带着那把剑到了郊外的箐晖园。

"我知道你在这里。"长离的声音突然出现，他料到了，盯着河岸旁的曼珠沙华悄悄绽放。

"为何回来，报仇吗？"利刃出鞘，架在银丝上直冒火花。

"当初我为你夺了整个国家,你却要将我赶尽杀绝。"两人对视着,曾经的恩情荡然无存,彼此都不明白,到底是谁欠了谁的。

"你是毒!留你在身边有何用!"交锋过后,凌见到长离的落寞。

"若我是普通女子,是否就不会这样。"

园外,烈火接天,对岸的曼珠沙华仍静静地绽放着,尘世的坍塌,风里的血腥弥漫似乎都与之无关,宛如这座城正踏上这条接引之路,渐渐陷入死亡的领地。

长离手中没有箫,取而代之的是一道道深深的痕迹。

"我们很久没在一起看花开了。"他身旁的剑是他最后的骄傲,他用这把剑亲手夺了天下,割碎了他与长离之间的夺取天下而产生的羁绊。

凌看着她平静地站在离自己不远的地方,仿佛和多年前一样。

利刃沾着火光落下,他以为他能看到一抹熟悉的血红,却只听见刺耳的响声,剑锋就横在长离胸前,细细的线横在他们之间。

"我收回我的天下。"长离收回细线,线上已沾满鲜血,像是他们之间那根断了的线。

城在坍塌,宛如凤凰涅槃般的悲壮,浴火而生的将是一场轮回的终了,无人知何时才会再起始。或许只有这一刻,彼岸花在火中凋谢的瞬间,轮回的美丽,才会如此明显地展现在眼前……

今生

子缡的葬礼在一个小镇里举行,小镇很幽静,依稀可见残破的不知何时的古城墙,一条静谧的河从镇中穿过,河上无桥,河对岸深邃的绿色植物密集得令人生畏。子规一直抱着子缡的骨灰盒,葬礼上,无一人哭泣,就连子规也只是冷冷地盯着子缡的相片,心想她为何要这样死去。他突然感到冷,一阵风吹得他浑身不自在,他点支烟独自走到河边,在岸边一块青石上坐下,青石旁就是一棵粗壮的槐树,他感到些许的疲惫，迷迷糊糊地睡去。

子规不知自己走在什么路上，雾茫茫的一片，到处开满血红色的花朵，有花无叶，一丛丛的，让人看着发毛。就在那血红丛中，他见到子缡一身华贵哀怨地吹着箫，他似乎记得这首曲子叫做忘川。

"你来了。"在子规的眼里子缡的背影有些不同，声音也不相同，他轻声应了一句，仔细打量着子缡。"我一直以为你醒不过来了。"

"我？"当子规靠近时才发现那人不是子缡而是个根本不相识的女子。

"那日，你烧了整座城池，我便趁乱逃出来，不知不觉就来到箐晖园，我从未想过你会杀我，后来我才明白，你只是想死在我手下。"

子规渐渐地想起了那些断断续续的纷杂错乱的记忆，一阵阵地头晕，不知是何时起他终于知道他爱子缡，似乎前世他也爱着眼前这妖娆美丽的女子。

只是子规以为他只爱他自己。

"我曾问过，如果我是普通女子你是不是会娶我……"柔滑的手抚摸子规的脸庞，这个温度很熟悉，像是临死前能够体会的最温柔的幸福一样，"但这一世我却又阴差阳错地成了你姐姐。"子规眼前变得昏暗，在记忆中留下她最俊美的笑容，子规拼了命问了一句："那为什么你从不告诉我？"

没有回音只有脸颊一侧留下的死亡的幸福。死在他身边，是子规的奢望……

子规醒来后，已经躺在医院里，病床旁的父母兴奋地看着他，子规却面无表情，想着葬礼上的事。

风，残忍地吹彻着，给夏日带来一丝凉爽，子规的胸口却感到痛苦，就像是有毒留在那里一样，耳畔回响着她最后的回答。

"我对曼珠沙华许愿了。"

"许了什么?"

"我要陪在你身边,作为条件,你永远都不会知道。"

子规不经意间摸到了身旁的墨箫,泪水湿了眼眶。

"若我是普通女子,你会不会娶我。"

"会……"

子规答应着,一滴泪落在箫上。

夜莺

文/曹兮

一

"你就是我,我就是你……"

"你……是谁?"连莲的眼前掠过鸟的赤褐色羽翼。

"你就是我,我就是你……"不知什么声音,像一台坏掉的录音机一样,古老的声音,听不清楚。

"记起来了吗?你就是我,我就是你……"

"不,你到底是谁?"她突然觉得自己也很无聊,居然会问这样的话。

"你就是我,我就是你,你就是我,我就是你……"

声音淹没在雨声里,她明白自己已醒过来。

"啊……下雨了……"她无意间瞄了一眼窗外,雨水笼罩了整个城市,吞没了宁静与嘈杂。

她继续躺着,心想反正也无事,今天就准备耗在床上了。

咚咚……烦人的敲门声。

咚咚……

咚咚……

"谁呀!"外面的雷声混合着雨滴落在物体上的疼痛充斥着耳膜,使她不自觉地加大嗓门。当连莲推开门的一刹那,她后悔了,门口站着一个浑身湿透的男子,被雨水打湿的赤褐色的头发别扭的粘地脸上,单薄的身躯,蒙眬的褐色瞳孔里传递着惹人怜惜的神情。

"路过避雨。"

那人歪了下头,惨淡地笑着。

连莲双手颤抖,有些掩盖似的摸起鞋柜上的移动电话。"要打电话给刘然吗?她很想你。"可那人并不理会,侧身进了屋。

"不用,我吸根烟就走。"他一屁股坐在沙发上,拿起搭在椅子上的毛巾擦头发,屋内光线阴暗,突然冒出的火光照亮那张苍白的脸庞,紧接着一缕青烟徐徐升腾,那人就像是深埋于黑暗一般,只留下那一星半点儿的光源,苟延残喘地闪烁着。

连莲放下了手中的电话。

"去看看老师,他还以为你失踪了。"

他不理会连莲,仿佛只专注于吞云吐雾。

"你以前……是不是喜欢我……"

瞬间,沉默控制住了咽喉,连莲尴尬地站在门口,想着怎样应付这样一句唐突的话。

"林哥,开玩笑要有个限度,连莲都有男友了,别说得她跟没人要似的。"同屋的廖延闻声起来,趁势打破僵局。"臭烟鬼,吸完烟没,搅我好梦!"

"小子!注意你说话的语气!"

原本安静的屋内顿时吵闹了,连莲闪过斗嘴的两人转身进了自己的卧室。

你以前……是不是喜欢我……

那人的话在连莲脑海里绕了很久,她苦笑一声躺在床上,知道今天是无论如何都不会好过了。

连莲怔怔地盯着模糊的天花板,以为自己会哭出来。

二

高三集训,高一放假无事可做的连莲埋在画室里,没日没夜地对着石膏,模特,黑白,色彩,她都觉得自己快疯了,竟没想过还能忍耐至今。

最近连莲都感到特别的累,身体犯懒,连抬手拿画笔的力气都不想使。

夜莺快上大学了。夏日的炎热让连莲的脑子无法思考。

她无意识地停下笔,盯着涂满青莲色底调的画纸发呆。

"去他妈的情人节!"连莲听着这话就知道是谁了,紧接着喝得微醉的廖延大骂着踢开画室的门。

她猛然醒悟,今天是农历七月初七,中国的情人节。

画室里放着Karen Mok的《电台情歌》,声音不大,没能盖过廖延那看似无休止的谩骂。

"轻点!老师在里面,能听见。"连莲做了个禁声的手势,然后无奈地搅动越渐发干的颜料。廖延有些醒了,如临死敌般对着被他虐待过的木门连连作拜,但还是听见老师在内屋里轻咳了一声,连莲对着廖延指指他身后的速写本,他才反应过来,连忙搬了椅子拿着铅笔假装画速写。

老师走出来,涂底色的连莲顺便瞥了一眼迎面走来睡眼惺忪的老师,老师只环顾一下轻念了几声夜莺又转身进了里屋。

而刚开始她对夜莺的理解,仅仅局限于画室里的一台二手CD机。

她也是后来听别人讲的,之所以CD机叫夜莺倒不是因为是"夜莺"牌的,其实这CD机别说牌子了,连商标都没有,只有用白色的色粉笔在

上面写着的两个大大的艺术字：夜莺。夜莺是绘画老师的得意门生，比连莲大一届。

他的原名叫林夜莺，画室里大部分的人都管他叫林哥。

只有连莲会叫他夜莺。其实她根本也没叫过他也没真正见过他，只是心里这样想过。

隔日午后，连莲有些疲倦，刚一进门就见到一个人低着头在地上找些什么，看了他手中紧握着的图钉，连莲才知道这家伙在找图钉。

"用胶带吧，图钉太小不容易找到。"她把自己的胶带递到那人面前，那人抬起头，连莲只得无奈地笑一下，接着她就见到他面无表情地撕开胶带将发黄的素描纸固定在画板上。

一会儿，画室里留有崔健的摇滚音乐。

天气热得出奇，连莲有些困意，无意间松开手，黑炭似的橡皮滑落后七扭八歪地滚没了，她慌忙起身寻找，发现橡皮掉在一堆画板与墙的缝隙间，刚一伸手，指尖感到刺痛，她再仔细地一摸，摸到了橡皮和一枚跟那家伙画板上一模一样的图钉，她看了看那人，将那枚图钉扔进了自己的画袋里。

"小林，帮我代下课。"老师说完就消失在摔门声后。

"噢。"声音并不沙哑，她一时心血来潮，突然转头。

声音的主人正是进门时见到的男生，连莲打量起这个叫林夜莺的人，她觉得他的眼睛有些特别，尤其是下午射进画室里的阳光照在他脸上，眼睛会有赤褐色的一层底色，过了一会儿，夜莺笑了。连莲纳闷他为什么会笑，突然发觉他们正四目相对。

连莲没有立刻转过身，她知道那样很傻，于是又随意地瞅了一眼别人，自然地转回画前。铅笔整齐地在纸上游走，闷热又使她胡思乱想，她觉得夜莺很符合自己的理想型。

"型很准，明暗关系也对……"连莲正乱想着，突如其来的声音吓得她禁不住身体一颤，"抱歉，吓着你了吗？"她又看到了那双赤褐色的眼眸。

连莲摇摇头。

"你看，整幅画里这个地方太黑，画过了。"骨感的手的落处，正是连莲出神时的"杰作"，她的脸发热，支支吾吾地应了声，便拿起可塑橡皮细心地将那一块"瞎想"提亮。

从此以后，连莲尽量选择人多的时候来画室，虽然画室会变得很嘈杂，但连莲知道自己会跟夜莺离得很远。夜莺永远都喜欢在洒满阳光的一角独自画画，连莲却常在一层层人的包围里临摹夜莺的画。

连莲的暑假在这种日复一日的枯燥里濒临灭绝。当她觉得夜莺差不多忘记自己的时候，第一次晚上上课。

当一天渐渐走向死亡，血色渗入了天空，接着就像是血液冷掉后的颜色，一只她从未见过的赤褐色的鸟划过血海宣告夜的降临。

刚进门，连莲就看到夜莺在CD机旁惆怅地盯着窗外。她装作若无其事，选择一个靠门的位置，静静地盯着画板发呆。

怎么就他一个人？她想。

"你来了。"

画室里除他二人以外再无别人，她应了一声，回过神来拿起画笔。

"我教你画油画。"夜莺转过头，有所乞求地看着疑惑的连莲，"你愿意吗？"

连莲不知该说些什么，张着嘴一个字也蹦不出来。

"算了。"一声拒绝，他继续沉醉在黑白的世界里，塞上耳机，任这个世界都淹没在Enigma的魔幻与神秘之中。连莲感到自己身体的一种不同，仿佛与咫尺间的夜莺相隔两个世界。她喜欢这种感觉，在夏日中有点叛逆、放纵，甚至自己潜意识里的邪恶都粘在身上，但有一句被封在心底很久的话她不知道是什么。

啊，啊，我……我是不是喜欢夜莺呀？连莲不知是不是夏日那使人窒息的炎热搞得自己中毒了，最近总是在想一些超乎寻常的事，她瞥了一眼夜莺，发现他正拿着速写本看着自己。

"还有一点就画好了，别乱动。"她又只能再转回去，尴尬的定格。

连莲看着自己临摹的画，那是一张夜莺的自画像，似乎有些丑化了，脸庞故意画胖，眼睛无神，突出耳朵，头发却整齐得像是鸟翅膀上的羽毛。

她想起了在黄昏时融化在血色天空中的赤褐色身影。

"夜莺，教我画鸟吧。"她移动身子坐在夜莺面前，瞥见自己的画像，她能感受到夜莺画得极细心，连自己后颈上一处不太起眼的羽毛状疤痕也在画中。

"你喜欢赤褐色的夜莺吗？那种只在傍晚飞翔与歌唱的鸟。"夜莺并未停笔而是反问着连莲。

"我喜欢。"连莲不假思索地答道。

"那么，你会喜欢上我吗？"带些嬉皮的话，和那张阳光帅气却又透露着可怜的脸，深深地感染着连莲，她不清楚自己到底是怎么了，于是转过身去开空调，她当夜莺的那句话是中暑的产物。

连莲背对着夜莺，冷风沁入心脾，却毫无知觉。

"天太热了。"

"是呀……"连莲回到画室的另一个角落，拿起画板一言不发。

他们继续干着各自的事，那一句看似玩笑的插曲就此封锁在恼人的蝉鸣中了。

高二开学，连莲便以功课紧为借口减少了去画室的次数，即使是这样，她每节课仍能见到夜莺，也再没有什么接触，不再说话，形同陌路。

连莲想想，觉得这样就很好，和她所见过的那些漂亮的人一样，凭借自己的脸任意妄为地和其他人玩似的交往，再嬉笑着和那些人分手，她只叹自己没有重蹈那些人的覆辙。

一个多月后，当她觉得夜莺差不多该开学后，去了画室楼下的礼品店，买了一件夜莺标本的仿制品。

晚上到了画室，连莲刚一进门就见到很多女生围着他在送临别的礼物，连画室里不常说话的刘然都在夜莺的身后拿着一套全新的画笔，准备送给夜莺，但她明显地感觉到夜莺脸上的僵硬和那种不耐烦，又偏偏今天廖延翘课根本就没有人帮他解围，连莲可不想惹什么麻烦，而且自己的礼物还没送出去，她想想，干脆就这么算了。

"连莲！约好的去看电影你怎么现在才来！"正当连莲想放下礼物准备画画，被女生包围的夜莺瞅见了她，如救命稻草般，连拉带拽狂奔出了画室。

连莲边跑边为自己不值，凭什么刚一进画室就被当做女生的公敌。

她被带到街对面的咖啡厅里，点了两杯拿铁，调匀彼此的呼吸。

"跑够了？"连莲烦闷地搅着，身旁放着还没来得及搁下的礼物，她知道自己真是交友不慎。

"哎呀，帮个忙啦，这不是请你喝咖啡了吗？"

"告诉你，我和那些女的可差不多……"

"差不多什么？喜欢我吗？"夜莺又露出那种孩子气的表情，搞得连莲差点儿忘了下面该说什么。

"喜欢你"和"爱你"如今已成了多么泛滥的词汇，爱也因为这种泛滥贬值得厉害。

"给你的！"连莲烦了，拧过头，沉默着喝着咖啡。

她能想象，那赤褐色的夜莺被凝固在展翅飞翔的一瞬，张开的嘴，仿佛在宣告黑暗到来。

"不错的工艺品，不过……"这句话使连莲转过头，"我更想要另

一件礼物。"

"喂,别贪心不足,这东西已经花了我两个月的零花钱。"她又想起了暑假那一晚,他跟她说的玩笑话。

"能喜欢上我吗?"

她看见了夜莺脸上无奈的苦涩,她对这种喜欢感到麻木,太多的人重复着这样一句话,也从没有人知道这句话是来自声带,还是来自心底,他只是想夜莺已经上了大学,大学里有各种各样的人,他的"我喜欢你"不知要重复几遍,也不知道那些喜欢会有多少的女生接受,连莲也明白自己不会也不敢。

这样的年代,没有天长地久的结局,有的只是令人哀伤的背叛,而这种背叛不过是为了寻找下一个爱情猎物的借口罢了,她强烈地遵循着背叛,所以一直将恋爱封为禁忌。

"如果我说'好',你觉得你有能力不背叛吗?"她笑了,肆虐与狂妄讲述着即将开始的宛如游戏般的感情。

这是一场以背叛为结局的游戏……连莲心想。

"我喜欢你……"夜莺依旧是孩子般的笑容,"真的。"

两个人就这样在拿铁的陪伴下,尝试着"恋爱",以一只赤褐色的夜莺为约定:当彼此觉得厌烦时,将至死不渝地坚守那条"禁忌"。

连莲觉得可笑,这样子的约定不知背叛时会是怎么样的一番场景。

三

"小莲!"连莲听到这句话时,满画室的人鸡皮疙瘩掉一地,她抄起黑糊糊的可塑橡皮狠命地向廖延砸去。

"滚。"

"行!够狠!那家伙哈你哈得要死,怎么,从小到大的哥们儿叫一声能死呀你!"没有老师的画室,没有夜莺的唠叨,就只剩下一个麻雀样的廖延天天在画室里和连莲斗嘴。要不是廖延又提起夜莺,她都快将他遗忘了。

记住一个人还真是种磨难。连莲无奈地拾起橡皮，她真的真的快忘记夜莺到底是什么样子，只记得一头赤褐色的头发。

没有崔健的摇滚，没有大群女生的笑语盈盈，没有油画颜料特殊的香气，没有阳光下绘画的身影，没有更多的人叫自己的名字……

连莲突然发现自己失去很多东西，有时她都想要是没有约定多好，总觉得自己像是被预订过的物品一样。

"连莲，你的画呢？"

正当她发愣时，一双手摁住了她的画板，连莲抬起头看到了刘然的笑脸，和夜莺的笑容相像。

"噢，画在那边架子的第二个画带里伏尔泰的那张。"托夜莺的福，她的画常成这画室里的范画。

连莲喜欢静静地看着刘然，她觉得如果夜莺和刘然在一起算是才子配佳人的那种，如果是和自己的话……

"连莲，你有夜莺的画呀！"刘然边翻边说道，廖延听后，也靠了过来。

"这，不可能吧，临走前他的画都带走了。"她被迫收回幻想，应付着答了一句。

"你看。"

她一眼望去，是暑假那晚夜莺画的速写，右下角签着名且有一只赤褐色的小鸟。

连莲忽然很想见到他，一种强烈的欲望想要见他一面，见到那赤褐色的头发和那孩子气的笑容。

而她所能做的仅仅是等待。

连莲不知从什么时候开始，强烈地想着一个人，她明白自己是喜欢上一个叫做夜莺的人了，可她分不清自己是喜欢那张脸还是他本人。

她宁愿自己喜欢的是那张脸。

连莲有些僵直地站起,嘴唇轻划过廖延的脸颊,她立刻就看他那张脸上浮起一层红晕。

如果是这样,就没必要痛苦了。她笑着握住了廖延的手,她知道自己已俘获了眼前的人。

可她期盼着下一个假期,她不知道这种和死党的"玩"能坚持多久,但已经厌倦了。连莲没有等来一个假期就和他分开了,在一个雨天,冷漠地用自己一贯的语调说分手。

廖延很沉默,他只递给她一把伞,转身走了。

她没想过玩弄一个人的感情,这样轻而易举,雨淋在身上,也不觉清凉,反倒体会了身体中的一股躁动,她皱皱眉,知道以后都会在这种怪异心境的笼罩下度过。

在这种焦躁不安的等待里,日子一晃就到了十月。

夏日遗留的炎热,加上漫长的等待,换来的只能是对分手时的幻想,她漫步在画室附近的小花园里,背倚着树,手里拿着他刚寄来的信。

她幻想分手那天是个晴朗的下午,她在树下等他,他笑着,略带有胜利意味地说分手,连莲在想那时的自己会不会心痛。

绘画考试即将逼近,连莲终于请下假不用再去学校上课。

天气趋于寒冷,连莲很少再见到傍晚有夜莺歌唱,她突然想起他从来没有唱过歌,连莲想想他唱歌一定很好听吧,就像夜莺一样。

走在街道上的她淡淡地笑了一下,带有些幸福的感觉。

她却突然驻步脑海里又开始了没有由来的幻想……她想着和他相遇在熟悉的画室门口,他的身边站着刘然,如此相配,完美得像画一样,明明看见了自己,却笑着擦肩而过,剩下轻轻的谈笑,将停留着自己耍弄一番。

像是故意的，把连莲晾在原地，让她一人停在马路上盯着川流不息的人行道发呆……

可笑，太写实了……她摇摇头，拽了拽衣领继续走着，接着孤身一人去看了场午夜电影。

她还记得那次电影的内容，女主角有过一次失恋的经历，然后又同时和两个男人相爱，不过她并不知道结局，因为在最后一幕之前，她闭上了眼，捂着耳朵，不知道女主角再次付出的爱情是收回了，还是被两个男人的其中一个接受了，但她知道现实中的爱情却一旦付出就收不回了，等她再睁开眼时，荧屏上打出结束的字幕。布帘拉了下来，那时她后悔了，后悔自己没看到结局。

因为她不敢，即使每个结局都有50%的概率，但仍不愿面对，选择其一就代表着令一方就将离自己远去。

如果……是已经知道的结局，那这场电影还会有谁想看呢？所以，没有结局，这样应该也算是种完美的结局吧。她淡淡笑着并将这些想法一笔笔地抹在画布上。

一月刚到，她听廖延说大学已经放假了，连莲舒了口气，她不知道这种长距离的恋爱游戏到底是谁输了，但她情愿输的是自己。

二月十三日的傍晚，连莲感到这一天的生命极为短暂，天空没有留下过多的色彩便转变成了冷色调，老师被其他学生请去吃饭，连莲借口略感不舒服，回了画室。

空荡荡的房间，惨白的荧光灯让他觉得凉意倍增，她冲了一杯黑咖啡没放一点儿糖，连莲就这样手捧着热咖啡呆呆地盯着窗外。

"就你一个人吗？"连莲转过头，夜莺靠着墙笑着看自己，"我回来了，莲。"

连莲以为自己会有多么激动，像别的女孩子一样哭泣，或者狠狠地抱住他，但没有，什么都没有。

没有肢体的表达，心灵上的，似乎更加遥远。

"别那样叫，很恶心。"连莲转过头，继续盯着窗外。

"你也不帮我冲一杯，这么绝情！"夜莺转身去了老师屋内，拿了一个茶杯悠闲地冲着咖啡。

她怎么还是这么冷？夜莺边走向连莲边心疑。

他拿起一块方糖，没有将它搅进咖啡里，而是往嘴里一扔，大口地咀嚼，他喜欢糖粒在舌间那种轻微的摩擦声。

"别吃那么多糖，会长蛀牙。"连莲无奈地端起茶杯。

夜莺不负责任地笑了，从嘴角处挤出几粒糖渣贴在发白的脸上，连莲用手指粘走那些不起眼的糖渣，毫不犹豫地放进嘴里，或许因为太少的缘故，只尝到了一丝甜蜜便又被随之而来的苦涩覆盖。

"只有恶魔才会那样吃糖。"她喝了一口黑咖啡，看着仍在咀嚼的夜莺。

"别说的你像个天使似的。"

"至少我不是恶魔。"褐色的液体在白瓷里旋转着摇晃。

"是吗？"夜莺那张方正的脸慢慢靠近她的嘴唇，柔软的双唇和夜莺特有的温度她感受得很清楚。可是没有心灵的颤动，没有脸红，她以为会发生些什么，她以为会有爱情。

原来，我真的只喜欢他的脸。亲吻过后，她自嘲地笑了，带着些许的失落。

"怎么样，你也被恶魔玷污了！"夜莺又那样笑了，食指轻轻地指着连莲的胸前做了个一击命中的姿势，"甜吗？想不想再来一次？"

连莲摇摇头，灌了一口咖啡进肚。

他从未尝过如此苦涩难耐的吻，像是甜蜜过后寂寞和孤独酿成的苦，一种只有不懂情愁时才有的苦。

"我们还是别玩了……"

"为什么？"

"因为……"

"背叛"两个字连莲没有说出口,她真的怕想好的结局会像电影一样一步步地演下去。

四

连莲以为夜莺不懂,以为在夜莺看来一切都只是一场游戏。

她不知道他们彼此都是这样想的。

你之所以这样说,就是害怕我背叛你,对吗?连莲想起夜莺生气地说了这句话后便离开了,她疑惑这到底是不是一场游戏,原来彼此都付出了,却没想到因为一个害怕,深深地伤害了彼此。

二月十四日,西方的情人节。

连天空里飘的雪都带有爱意,连莲有些紧张地去了空荡的画室,她也只知道在那里她会见到夜莺。

当她刚想进门时,无意间听到了刘然和夜莺的声音。

"刘然,你愿意做我的女朋友吗?"

连莲惊讶听着,她设想了各种各样的背叛,至少是他背着自己的或是蓄谋已久,就没有想到过这背叛就在自己的面前,心中的疼痛,难以言喻。

"嗯。"刘然的声音不大,但她却听得一清二楚,连莲明白这场游戏,夜莺赢了。

赢得多么悲惨凄凉,就为了证明一个所谓的"爱情"。

连莲故作平静地推开画室的门,看到那两人相拥在一起,她迅速地转过头,拿了自己的画册转身就走。

"抱、抱歉,我不是故意的,打扰了。"关上门的一瞬,她毫无停留地抱着画册飞奔到银白色的世界里。

冰冷可以让她感到冷静。

她以这是场游戏来安慰自己,一种被掏干的空虚在她奔跑的途中越加的明显。

都结束了……她擦掉额头的汗水,打开那本画册。

那本画册上每一页都是夜莺,每一张都用赤褐色的炭精条勾画。

十五日,画室里人渐渐地多了起来,连莲依旧照常来了画室,夜莺早已在画室里阳光能触及的一角画着油画。

他在连莲生命里狠狠地画过一笔,宛如夜莺在破晓之时的最后吟唱,宣告黑夜终了。

连莲还记得他曾在画纸上画过的一笔:印象强烈的红,脱出于一切似跳跃在纸上,灼烧着视线,犹如枯萎玫瑰内还有生命存在,同时拥有生与死的美丽,在阳光的暴晒下如此耀眼,他的老师也讲过,这幅画中只有这一笔是最精彩的。

连莲一直觉得自己不适合画画,连莲清楚夜莺比自己更适合画画,恰到好处的身高,纤细的手和信手拈来的绘画灵感,着迷于色彩的绚烂,黑白的完美搭配,一切都那么不可思议地适合夜莺。但,连莲毕竟不钟情于绘画,当她回到了自己的归属之地,并不断地成长,那样的夜莺看着很让人敬仰,那一瞬间,连莲打了个寒战。

或许就是从那时起,她已感到他们身处于两个不同的世界。

夜莺一直在画室里,所在阳光能触及的一角,视野追寻着天空里的鸟,涂抹着惨白的画布,直到在无人能画出与他相似之处,画面里色彩的绚烂与美丽,仿佛高不可攀,无法触及。

直到傍晚,画室的人渐渐稀少。

"夜莺,我走了。"刘然似乎并未注意到所在阴暗角落的连莲,那一句轻声的"夜莺"在她听来是如此的刺耳,接着连莲似乎又听见亲吻的声响,她不禁攥紧了手中的画板。

幸好，我背对着他们……连莲不住地安慰自己，幸好，幸好……

刘然从她身边走过，她感到了冰凉和一种瞧不起，连莲明白她在责备没有离开的自己，搅扰了他们的好事。

她默默地弯起嘴角。

当刘然走后，画室里又只剩他们两个人，连莲觉得是时候离开了。

窗外恰如其分地下着雪，衬着青莲色的天空，会使人感到心情低落。

"我画了一幅油画，看看吗？"夜莺说完后起身去泡咖啡，她走向靠窗的角落拿起那幅画。

和连莲所想的相同，他只会画夜莺，但这一次夜莺却只有很小的一个角落，满画面都是海与天融合的色彩，被水波扭曲的夜莺划过天空，落下羽毛，画的最底端一抹鲜艳的红，与画面的蓝呈强烈对比。

"你画了多久？"

"从十四号到现在。"她接了夜莺手里的咖啡，是她所喜欢的没有一丝甜蜜的苦咖啡。

"怎么想起画这个？"

"夜莺的回礼。"

"什么？"连莲有些听不清楚，她又问了一遍。

"我走后，这幅画就交给你了。"

连莲还是没有听懂，灌完咖啡后，放下杯子收拾东西。

"在逃避什么？"夜莺突然转过头，没头没脑地问连莲。

"什么？"

"在畏惧什么？"

"什么？"

那一晚，连莲几乎什么都没有听见，只有阵阵耳鸣搞得她接近崩溃。

"小林,下午组织一下去公园写生。"老师又在一声交代里消失了。

连莲提前走了,她觉得自己和这些人不是那样融洽,连廖延都厌烦地拎着画带嘟嘟囔囔地陪着连莲离开画室逃去网吧,玩最近很流行的暴力游戏。

华丽的招式,凶狠的残杀,使得连莲心中某些不适得到了宣泄。

"喂,说是逃课,咱们还是去写生吧,老师那脾气你又不是不知道。"

廖延对她的行径略感奇怪,好端端的一个"乖孩子"为何突然想起了来网吧,居然还会玩暴力游戏。连莲不语,只是靠着椅子,盯着屏幕发呆。

他拽着她到了公园,拣了处人少环境清幽的地方。

他抽出烟,刚要点燃,就一把被连莲夺过去。

"哎呀,坏事,忘了你在这了。"廖延懊恼地挠挠头,却见到连莲熟练地点烟,轻轻地吸一口,吐出几串烟圈,"你……你还是连莲吧?"

"怎么,我成年了,吸烟可算不上违法。"她晃了晃手里的香烟,拿出画带里的随身听悠闲地将左耳塞递给廖延,她则开始写生。

为什么我要不断辗转四方颠沛流离
我要被埋葬在云里我要死在你的心里
你已不是我的最爱我对你早有防备
低沉的男声让他想起了夜莺。

"……你已不是我的最爱,我对你早有防备……"她记下了这一句,和现在自己的心境很相符。

连莲不经意地抬起头,她看见了夜莺……和刘然挽着手走在公园的小路上。

空旷的心突然又被不知名的难过填满,且像气球般越加膨胀,她见他们就要走过来,也不言语,掐了烟,戴上眼镜和遮阳帽,安然走在同一条道路上,她不相信,曾经在别处的预见会在这一刻实现。

连莲略带些傲慢的,显然有些故意地要与他们相遇。

她站在原地,侧着身,眼睁睁地看夜莺笑着瞥了自己一眼。

我在噩梦中醒来
没有人相信没有人在我身旁

她的脑海里快速地闪过了这句话,夜莺的左手与她轻触的一瞬间,她以为彼此的手会握在一起,连莲停了下来,画册僵直地摔下散开。

夜莺转过头,看了看捡起画纸的路人,奇怪那人的背影如此像连莲。

"看什么呢?"

"没,没什么……"夜莺依旧笑着与刘然走在小道上。

那之后,连莲变得很忧郁,没再和夜莺说过话,也不理任何人,那时候她的脸色绝对是前所未有的,让自己想到奢望飞走却又逃不出去的叹息着的鸟,瞭望着窗外一动不动的样子。虽然仍每天都在一起,却各自想着各自的心事——这样的时候增加了。

连莲突然想起自己很不安,为什么?最近她找到了答案。

有道伤痕在身体上,虽极力压抑着却有什么从里面溢出,痛楚与日俱增,它的残像不曾消退,做什么都于事无补,如果放弃那一切,或许就会从这无边的痛苦里解脱吧。

如果说出来剩下的与自己的最后一点联系可能也会被切断,那太可怕了。

但，也许这种解脱正是自己想要的。

寒假过去得很快，转眼，夜莺又该走了。

"考G大吧，和我一个大学。"临走时，夜莺对连莲讲道。

她没有太注意，因为她已想好以后的生活，不想再和他和绘画有任何瓜葛。

那天晚上她疲惫地回到家，一封信意外地插在门上。

连莲：

看到这封信时，我想你已对我死心了。在那样一个日子我选择了背叛你，没想过会当着你的面。

你难道真的相信我和你之间只是玩玩而已？我一直都觉得你在默默地享受着这份感情，没想到你一直想着我会不会背叛你，一场恋情若只想着悲惨的结局，那么这场恋爱一定会很悲惨。现在我尝到了，我想你也是的。

但你知道吗？我喜欢你！我并不想就此结束。

你却淡漠得一句话都不说，直到我离开，你什么都没有说。

就一次，一次就好，真正地喜欢上我，不要再想着什么背叛。

我已经和刘然分手了……

夜莺

当连莲读完后，信纸早已湿了。

她正准备将信撕掉时，一双冰凉的手阻止了这个动作，她一抬头，夜莺正疑惑着看着自己。

"为什么要撕它？"

她将泪水硬生生地阻拦住，她知道自己还不曾如此脆弱过。

"够了，别再玩下去了……"声音僵硬，证明这场游戏的结束。

她目送着夜莺离开自己的视线。

这是游戏，没有升华为恋情的必要。

从此后她再也没收到夜莺的信，她知道即使没有说出剩下那句话，他们已经结束。

若问这世间什么最容易让人产生错觉，那恐怕就是时间了。高考那段日子，让她都分不清什么是黑天白夜，也就更没有空去画室。

她最后还是和夜莺考了同一所大学，她想着他们又会再相见，觉得命运真是会捉弄人。

她向老师问了夜莺家的地址，连莲一直都想将那句话说出口，于是便将那枚图钉和橙色的信纸放进信封里，蓝色的图钉和橙色的纸那样得耀眼，她满意地笑了笑，觉得一切都真正地结束了。

林夜莺：

这是我第一次叫你的名字。

有一句话现在来讲是很晚了，但还是说出来好。

我们还是结束吧。

你永远都不会知道，我竟然想过你会选择在那一天背叛我，也曾想过你身边不停地再换人，而我永远不会在你身边，因为我永远都明白这不过是场游戏，如果想要赢你，就只能在你背叛我之前将你背叛。

对，没错，我早就背叛了你。

在你跟刘然告白之前，廖延和我交往过。

最后，祝你和她的长距离恋爱有一个唯美的结局。

连莲

五

"连莲，刚刚我看见林哥找你。"廖延一直在摆弄自己的板寸，这

让在自习室的连莲觉得很无奈。

"哪个林哥?怎么听起来像是黑社会?"

"还能是谁,夜莺呗,一听说你考进来就拼命地找你,你倒好,不停地换班,你们俩到底怎么了……"

廖延话音未落,连莲已从后门逃走了。她走在林荫下点支烟,不紧不慢地吐着,与许许多多的红男绿女擦肩而过。

"吸烟的可不是好孩子。"她停驻在这个声音发出的地方,她看见了刘然。

"你……"

"惊讶吗?"她歪着头,抽掉她的烟,扔在地上碾灭。"我要结婚了,和夜莺。"

连莲还没反应过来,刘然就走了,半天,她才想起重拿支烟叼在嘴里,好像若无其事地走了。

关于她的一切,连莲觉得陌生,更不想了解那种人会爱上谁,和谁度过一生……

那晚,她在昏暗的酒吧遇见了夜莺,纸醉金迷中,两个灵魂借着寂寞的玻璃杯向过去敬酒。她无意间遇到了他,并以学长和学妹的身份喝酒。

"结婚了?"

"哪这么快。"夜莺咽了口酒,"不着急。"

他们不知该说些什么,就像原来同处一处却各自想着各自的。

"那个标本……你还留着吗?"

"嗯。"

连莲舒口气,晃晃杯里的威士忌。

后来,他们都不知道彼此说了些什么,也不知怎么喝完了一瓶威士忌的。

出了酒吧，他们朝着相反的方向走着。

"留个电话吧，改天请你吃饭。"

连连转过身，她微笑着看着已喝得微醉的夜莺，她看到了他们年轻时代的轻狂，她不知道这么多年她依然喜欢他。她还是用那种冷冷的语调，无论什么时候都不会变的，动了动嘴，夜莺便快速地记着。

她也记了夜莺的手机号，并互相交代了几句后分离，转身后她随即就删了那个号码，然后合上手机。

回到家，头还没挨到枕头他就收到夜莺的简讯："我们重新开始吧。"

"哦。"

她记得她是这样回答夜莺的，但她其实并不想这样，但她早已将年少时的事忘记，她以为那些事在心里这样一直放着会发霉，不知什么时候心就会坏掉，于是她选择完全抛弃。

连莲拿掉手机电池，假装什么事都没发生。

不过是一场不经意的尝试，恍若毒解后所残留的伤痛，见一面疼一次，却永无法消除，留下刻骨铭心的让想要分开的人又不得不再见面……

是夜，她戴上耳机，听起那首一直没能删掉的歌。

为什么我要不断辗转四方颠沛流离

我要被埋葬在云里我要死在你的心里

你已不是我的最爱我对你早有防备

我在噩梦中醒来

没有人相信没有人在我身旁

我在挣扎但是我感觉疲惫

我想我不是争强好胜的那一群

我以恶之名从你的爱中重生
什么时候才有个了结呢
也许之后我们会堕落成为朋友
我在噩梦中醒来
没有人相信没有人在我身旁
我在挣扎但是我感觉疲惫
我想我不是争强好胜的那一群
要是你在我身边就好了
我才能够不担心这些
但是你已经离开我很久了
我们会变成怎样
我不知道我还留恋过去
但是它们都已经变得模糊陌生了

"我们会成怎样……"她将这条短信发了过去，等待回信。

没有回信，没有结局，就像这是似而非的爱情……不知不觉，连莲感到眼疼，不知不觉，泪，湿了枕头……

时光的味道

谁的父亲死了
请你告诉我如何悲伤
谁的爱人走了
请你告诉我如何遗忘
我们生来就是孤单
不管拥有什么
梦想敦实
但现实单薄

不过偶遇

文/王新乐

一

我经常有这样的经历：在一个或风或雨的天气里，走在或崎岖或平坦的路上，一个似曾相识却叫不起名字来的人对你莞尔一笑。我正在思量，那人却又继续向前，消失于人海，给你一个背影。然后，我会想起他是我的同桌、我的哥们儿甚至是我的女友。以前的。

这其实是心理学上常讲的一种现象，现行的解释是：这是一种遗忘现象，能浮现出来的都是大脑高级神经系统的反应，人接触外界事物时，就会在大脑中形成一种暂时联系，这种联系不会马上消失，它会被记录下来，当有相关刺激就会很容易被触发反应出。当这种联系的建立不是很深时，只会有刺激的发生而无法在大脑中完成整个反射弧的连接。

应该可以让人信服，但却显然不全对的解释。

我的质疑在于另一个丁力身上。

还是先说说那个丁力。

我是在一家交友网站上认识那个丁力的。

  这家国内颇有人气的交友网站，近两年来以惊人的速度流行着。我的好奇心驱使我想要得知谁的好友最少而不是最多。于是我打开筛选栏，筛选出了在线时间大于100小时而好友数为0的人。

  搜索结果理所应当的是0人。没有人会花费时间在这种网站上而不去联系他人。

  我没有放弃自己的探索，把精确好友人数改为1人。

  本同样没有对这结果抱太大希望。但，确确实实搜出了这样一个人。

  他的网名叫高速公鹿，在线时间是246小时，好友人数，1人。

  一个有意思的人，我想。然后申请把他加为好友。他在线，也批准了我的申请。本想先打招呼，但他的头像却让我感到熟悉。稻草人，和我一样。这说明他和我应该有某些相同的语言。

  "找到你很难呢，嗯，很难。"我给他发送信息。

  "没什么，不大习惯和你们交往。"过了大概一分半钟，他回复到。

  "'你们'？什么意思？"我问。

  又是差不多一分半钟，我等来了他简短的回复。

  "啊，你们。我和你有些不一样。嗯，不一样。"

  显然，他不想解释不一样在何处，我也就没有继续追问。在网上混久了，这点道理还是要懂得的。我转而问他："为什么在线那么长却只加了一个好友？"

  同样的间隔后他回复到："我累了，再聊，会告诉你的。"

  然后我看着他的头像显示为下线。可能这人真的有秘密，或许不过是吸引人的花把戏。毕竟在这种网站上，一切都是未知，没谁可以相信。

  见他下线，我把注意力转移到了他的相册上。

  很多照片，多得让我怀疑他是不是像楚门一样生来就被监视。在这些相册中，我挑了一个自己感兴趣的《游秦山》，左击，浏览。

  我没有听说过这座山，可能是我孤陋寡闻。我自嘲着开始看图。秦山似乎是一座很有名的山，有许多的古碑以及殿宇。我发现高速公鹿的样子有些熟悉,但却很难想起。偶遇吗,像我开头说的那样。

秦山的风景有种似曾相识的感觉,一方面我确定自己没到过那地方;另一方面,那风景好像一遍又一遍地被我见到。什么地方?无从得知。

又是偶遇。

一张照片吸引了我的注意,这张照片中,高速公鹿站在一个巨大的石头上,石头大概有10米高。从其他照片中我发现石头周围空无一物。因此,他怎样站到石头上不得而知。而,更令我叫奇的是这张照片是以完全的平视角度拍摄。那,拍摄的人在哪里?

随即更多的疑问向我袭来,高速公鹿好像是一个人爬的秦山。因为所有照片都在显示高速公鹿在做什么,没有一张与他人的合影。那,是谁拍了这些照片?

突然感到很累。

关机,睡觉。

然后这次奇妙的经历似乎又会成为我的一次偶遇的伏笔,不知哪天再一次被我莫名地想起。在这种网站上认识的人大多只会说句"你好"便再无联系。这次,应该不会有何意外。

明天会有很多的工作让我忘记了今天晚上的所谓奇遇,让我思维的小火花被淹没在大脑机械运动的洪流中。我半带文学气息地想。

二

早上起床,很累的感觉依旧存在。好像经历了一场大病,我的关节及头部在发账似的疼痛着,全然没有一觉醒来迎接新一天的愉悦。我想,大概是昨晚在电脑前待了太久吧,不在意地开始了一天的工作。

我是一家相片冲洗店的冲洗师,过着忙碌但并不枯燥的生活。我喜欢这份工作。我可以看到各种各样的人,接触他们的照片,及他们的生活。现在,这行业不是特别的景气。但我已经在这家冲洗店工作了五年。吃住都在这里。我见证了中国人人手持相机用柯达胶卷的柯达时代

也见证了数码相机暴风般的普及。五年前我到这家冲洗店时有四位同事。然后以每年一个的速度减少着。我不知道为什么会在大学毕业后选择这工作。我感到自己对相片、对影像有种莫名的喜爱。我喜欢影像。于是我放弃了一些薪水很高的工作,于是我坚持到了现在。必须要说说我现在的老板。她是五年间和我关系最近的人。

老板是我唯一的同事,一个长相还算可以的女人。单身,未婚。我写这些绝没有想开夫妻店的意思。尽管我会感觉这五年间和她在一块儿形成了某种默契,但我宁愿相信那是因为和她一块儿待得太久了。那应该是熟悉吧,那不会是喜欢。我只是想告诉大家,在如今的社会,如果一个长相不错的女人保持单身未婚的情况,很大的可能是她性格上的缺陷。那种让人崩溃的缺陷。她并不介意我说出她的名字,她叫叶枫。枫树的枫却不是疯癫的疯。她那种让人崩溃的缺陷是,她经常会陷入接近于昏迷状态之中。她固执地认为自己在另一个世界中是一个驾驶员,她固执地认为自己本身没有任何问题。所以,她拒绝我送她看医生的好心。所以,她至今仍属于单身女青年,和我这个单身男青年生活在一间小店里。门口卖早点的老大妈早就把我俩当做成生活在一块儿的小情侣。我也习惯了她"你俩啥时候结婚"类似的问题。别扭。这种感觉很别扭。

她会跟我讲自己在那个世界的奇遇。她是驾驶员,她告诉我其实还有另一个世界存在着。那个世界和这个世界之间靠一条高速公路连接。她就是行驶在这条高速公路上的驾驶员。这条高速公路叫时间。她运输的东西叫信息。她从属于这个世界的一个组织,专门从事两个世界的联络工作。

"那他们跟你说过些什么?"曾经我为了打消她那可笑的念头问。

"两个世界必须相互交流,和平相处。这就是他们告诉我的。"她这样回答让我无可奈何。

"好吧,这点我可以相信。但还是有些不大明白。如果说你是驾驶员,那你在这个世界中是什么?"我接着问。

"我在那个世界中作为驾驶员上班,下班了就回这个世界来了。"她很坚定地答。"你还是不相信我。"

"我相信,可问题是,那是怎样的一个世界?"我继续问。

"不清楚,我只知道那不是这个世界。那个世界的科技要比这个的发达。他们学会了更熟练的应用信息。对了,你在那个世界就是应用信息的专家。你可以虚拟出接近真实的影像。真的。那个世界也有一个丁力。跟你长得差不多。不对,那就是你。"她说着,离开,又陷入发呆状态。

我大致整理了和她谈话所得的东西,结果是她得了严重的臆想症。尽管在平常她是个好老板,从不拖欠工资。尽管和她生活了五年也没有发现她生活上的不足。但前提是,她是健康的。

我对她的理论及她的脾气习以为常,所以她把我雇用到了现在。这应该也是一种缘分、一种依赖。

今天的业务比平常要忙一些,有一个十八岁男生的生日照要冲洗。他在相片中抱着篮球,穿着国际米兰的蓝黑间隔队服。小眼睛在眼镜片下笑得灿烂,没人告诉他这样穿不搭配。可怜的孩子,我不自主地想起了自己的十八岁。

十八岁时我也像那男生一样把小眼睛挤成一条线,算是对路过的人的微笑示意。我自认为这样可以把自己藏得很深,却远不知读懂你在想什么根本不用从眼睛里看。我经常问他们,你是怎么知道的?他们会神秘地说,我能读你的心,你信吗?

其实他们哪需要做什么,是我迫不及待地把自己内心所想袒露于他们面前,他们要做的只是像挑拣地摊货一样挑拣我的思想。他们不会向我讨价还价,他们也不去分辨那些是不是A货。他们挑起一件随手又把它扔掉,让我的思想暴露在众人眼光汇成的阳光下。体无完肤。

那时我告诉他们:"我感觉这事情好像发生过呢。"他们会笑着说我傻。他们从不相信我说的,无论我发多少誓,无论我多么信誓旦旦。

他们更乐于相信自己探索出的答案。这让我又回想起我的老板来。

为什么我不可以相信她?为什么我对她的理解要停留在我对她有臆想症的假设上?她说得那样准确,又为什么不可以是真的?作为这个世界上与她关系最近的人。我自然而然地想起了帮她。

三

我又登录了那家网站,下午1点钟的时候。我的89位好友里只有一人在线。

高速公鹿。

我别无选择地同他聊了起来。

"上次你给我留下了很多疑问呢。"我以此作为聊天的引子。

"有吗?嗯,好像有吧。"等到他的回复是在一分半钟后。

"上次你提到过你们,对吧?"我问。

又是大概一分半钟,我真的很怀疑他的打字速度。

他说:"这无所谓,我一直想联系到你。千方百计,耗费巨大。"

"嗯?"我回复着,开始想。"你的意思是?"

这次我等了足足5分钟,收到他的回复。

"我一直想联系上这个世界中的你。但想不出什么更好的办法。因为我没法主动接触你的。所以,我只有等待你来找到我。"天知道怎么有这种回复。

"老兄。另一个世界?"

"嗯。另一个世界。这个,我也是在自己频繁遇到一些奇怪现象后才发现你们世界的存在的。我经常自己一个人陷入莫名的臆想之中。我不清楚那感觉从何而来,我只知道我在冲洗大量的照片。我经常会感觉刚刚发生的一些事我以前经历过。"10分钟后的答复。

"这个吗?我有个朋友也遇到了这个情况。也就是说,真的有另一个世界存在着?"

"嗯。有一个女人找到我,告诉了我两个世界的存在。我们和你们生活在同一片土地上。这么说吧,建立四维的时间坐标系,明白?"

"就是以时间为第四轴吗?"

"在四维的坐标系里,我们和你们的空间的三维坐标是完全相同的,不同的是时间那一轴。你们生活在时间的正半轴上,我们存在于时间的负半轴上。明白?"

我忽视了他的回复间隔,答道:"了解,科幻小说里说过。没想过那会是真的。"

"我累了,下线了,有些事以后再聊。那女人叫叶枫。我,丁力。"

这是今天我收到的他的最后一句回复,也是让我最吃惊的一条。

叶枫,我的老板。丁力,就是我。

这绝不是某种巧合,但负半轴上的那些人与我有何关系?理论上,我们是不能互相影响的。想着,我看见了叶枫向我这边走来。

"有空,出去吃饭?"她对我说。

确实,她不犯病的时候是蛮优秀的。也很讨人喜欢。

"好啊,不过要你埋单。"我必须确定这一点,否则万一她再次犯病,又要我埋单了。这种事情可不是发生过一次两次了,我必须要吸取这个教训。

四

"我想结婚。"叶枫看着我,灌了口大麦啤酒,说。

我惊讶地望着她,一时找不出话来。她要结婚了?自己一直还算满意的生活状态就要结束了?

"你是让我搬出冲洗店?"我问。

"谁说的?你在那儿挺好。我只是喜欢一个人五年了,想要结婚了。"叶枫喝的微醉,脸颊有点泛红。

"那人是谁啊,这么走运?"直觉告诉我我有些难受,但我还是这

样问道。

"管那么多干吗,又不是要你娶我。你只要看好店就可以。"她说着,掏出了一张工行的牡丹卡。

"这卡上有你今年的奖金。如果我不能够在年前结婚,那你就别想要它。"叶枫说这话时我感觉她还不如疯了算了。

"那你打算怎样做?"我不知道为什么要这样问。

"相亲。"她看了我一眼,把杯中的酒一饮而尽。

那天我们两个喝了很多的酒。回去也很晚。我记得门口的老太太都已经开始摆摊了。她对我俩吆喝着:"年轻人,别只顾着玩。该结婚了。"

是啊,叶枫要结婚了。

之后叶枫就开始没完没了的相亲,我走马灯似的看着那些男人在她生命里来来去去。尽管我想要对叶枫说些什么,但我说不出。她开始小口抿着解百纳,并且喝完之后出现一点儿红晕。她仍然每天都去那个世界上班,下班回来给我讲她的故事。我开始变得心不在焉,我不知道是因为得知那个世界真实存在后,失去了对那里的兴致还是因为我不想面对一个事实。

叶枫真的打定主意要结婚了。

日子成了我一个人的无聊,我心里的话不知道找谁去说。那个"丁力"没有来找过我。我开着电脑继续浏览《游秦山》的照片,他的头像始终是灰色的,下线。他到底是我还是也只是长相与我相近的陌生人?

叶枫推门进来的时候,整扇门发出了巨大的响声,我推开电脑跑过去看。只见她因为酒精的麻痹走着摇晃的步伐,眼神迷离,站在这里就能闻到冲人的酒气。我皱着眉头把她扶进来,却看到了他身后的男人。

很是面熟。

我手忙脚乱地把叶枫安顿好,进屋冲茶给她醒酒。跟着她回来的男人也没说话,瞟了一眼我开着的电脑网页。他匆匆道了别就推开那扇挂着风铃的木门出去了。门合上的时候没有发出一点儿响声。

像是只是风吹,不是人走。

我坐下拍拍老板的肩膀,问她:"怎么喝成这样?"

她迷离地看我一眼,说:"我爱上他了。"

我说:"然后呢。"

"没了。"

我想和醉酒的人是讨论不出什么结果的,我准备去找找刚才那个男人。我说过我要帮叶枫,所以我换上外套准备出去。走到门口的时候,墙上挂着的是和人差不多高的有裂纹的试衣镜,它一直挂在这个位置。

当我透过那些粉尘看向已经有点发黄的镜子时候,我突然觉得这个面相如此熟悉。

没错,镜子里映着的是我。但同样的,也是刚才,那个男人的面孔。

我们两个有,一样的面孔。

我知道他是谁:那个世界中的丁力。

我倒吸了一口冷气,门吱的一声开了。

五

那个丁力推开了门,像是在等我。

"我,我必须来到这个世界。"他对我说。

"这么说,你真的是来自另一个世界?"如同面对镜子一般看着这个也叫做丁力且与我长相完全相像的男人,我先前对于那个世界存在的疑惑被一扫而空。

"进来坐吧。"我对他说着,拉他的手。当我触碰到他皮肤的那一刻,我感觉到了一种有异于常人的触感。

见我的疑惑,他忙解释道:"我只能够把身体的影像传到这个世界,因此现在你接触的我的身体只是虚拟的光学信号。当然这已经需要巨大的能量。如果不是事不得已,我不会如此费力地来到这个世界。"

"怎么,理论上讲,正半轴和负半轴的世界是完全平行的,它们之

间不是应该没有任何影响吗？"我领他坐下，问。

"这种想法仅仅停留在理论上，事实是我们发现有一些人具有穿梭时间的能力。因此，这两个世界早就在暗地里进行了交流。而这种交流是不可避免的。"

"不可避免？两个世界彼此独立相安无事不是更好吗？"

"我们并不是两个完全独立的平行世界。我们在空间上的坐标仍旧是一样的。所以如果你们的世界或我们的世界因为某种原因而在空间上毁灭，另一个世界也就不复存在。像连体婴儿，我们的世界从一开始就是密不可分的。"

"嗯。那么我们两个世界的交流是怎样具体实现的呢？"

"你是问什么样的人会拥有联络这两个世界的能力，是吗？确实有些事情该告诉你。这种具有特殊能力的人有两种，一种人只能对另一个世界发生的事有一些记忆上的印象，他们会感觉到一些事情曾经在自己身上发生过；你就属于这种。"

"也就是说所谓的偶遇是——"

"你对那个世界中的你的经历的回应。另一种人则具有更强的能力，他们可以驾驶一种穿梭于正负半轴的工具把一些信息带到另一个世界。我们称他驾驶员。"

"像叶枫？"

"嗯，这次我就是为她而来。她在这个世界中遇到了一点小麻烦。我必须来这里阻止她结婚。"

"婚姻大事可不是个小麻烦吧？"

"但是和这两个世界的安定相比，结婚就是个小事了吧？可能你不明白，叶枫是近五年来负半轴世界里最优秀的驾驶员，好吧，是唯一的驾驶员，许多重要的工作要由她完成。这些工作可能在一定程度上影响这两个世界的人类的命运。你不觉得与之相比，个人的婚姻是件小事吗？"

"那为什么要阻止她结婚？结婚与驾驶员这职业有什么冲突吗？"

"在我们那个世界里，驾驶员结婚后是要失去驾驶员的资格的。因为叶枫是这个世界上极少的能够联络我们世界的人，所以，在未找到合适的替代者之前，我们不能够允许叶枫结婚。但，叶枫想要结婚的念头大到我们无法阻止。所以，我必须采取极端行动，向这个世界传播信息所耗费的能量是巨大的。因此，当我与你在网上聊天后会感觉特别的累。相信你也会有累的感觉吧？"

"那，为什么要通过那网站找到我？我看不出我对这件事有何影响。"

"因为，据我们了解，叶枫在心底一直是喜欢你的。所以，我必须找到你，来获取你的基本信息。就是说那些在线时长什么数据都是假的。我不过是修改了一下数据库，来吸引你。如果不是这样，你会相信我？我想，我在这世界待的已经足够久了。我必须走了。"说完，那个丁力的身体变成碎片，飞进了那扇大大的试衣镜。

我花了很长时间才明白丁力和我谈话的意思。我被另一个世界中的自己利用了。而那个一直被我当做臆想症患者的叶枫竟喜欢我？这些信息量大的我无法接受，完全忽视了叶枫早已醒来。

叶枫换了一件绛紫色的格子衫，扎起了原本凌乱的头发。我承认这样的确显得她很好看。她温柔地对我笑，全然不像印象中那个冲洗店老板一样只会大声吼。

她笑着说："为什么要去相亲？为什么不直接告诉我？"这句话让我间接明白了那个丁力的企图。记得在他相册中看到的丁力长相和我没有一点相似。那他只是想伪装成我的样子！然后呢？用我去吸引叶枫？然后呢？

我想到了他们的计划，他们想利用我的影像来迷惑叶枫。然后呢？消灭我，连同我的影像？让叶枫彻底对爱情、对婚姻失望？这种强迫人的行为未免过头点儿了吧。但愿不会，我不想现在这种生活被打乱。

但生活好像被不可避免地打乱了。叶枫认为我喜欢她，所以固执地要求我同她约会。好吧，说实话，我是喜欢叶枫的。尤其是在发现她并

没有那种臆想症之后。

"你喜欢我。为什么?"我问她。似乎不太礼貌,但我必须要确定这一点。因为此时我正下定一个决心。我要娶叶枫。我们已经在一间屋子里生活了五年。这五年,似乎连她一个微小的动作我都能够分辨出她下一步要做什么。我已经习惯了她的大分贝的怒吼,也已经习惯了她那时不时就陷入的呆滞状态。五年间,我没有想过要结婚,五年间,我没有接触其他的女孩子。似乎守护着这样一个具有超常能力的人是我的使命。尽管我从未说出,但,我是爱她的。我们已经一块生活了五年,为什么不继续生活五十年?

"因为只有你陪着我,只有你不把我当做神经病,只有你在我发呆的时候花自己的钱去埋单。我喜欢你。我要与你结婚。"叶枫说着,把我抱住。

"我要娶你。"我说。

六

我打开那家网站时,发现了丁力给我的留言,很简短的两个字。

小心。

我知道他在威胁我什么。我感觉他会不顾一切地破坏我和叶枫的关系。他会让我从叶枫的世界里消失。他会阻止叶枫结婚。他不能允许另一个世界中我的存在。尽管他是另一个我。

小心。我必须小心。

七

我要准备一下,暂时和叶枫离开这家冲洗店。可能,换了一个地方,不用网络,我俩就会安全。所以,我打算带叶枫去泰山。一是因为那里是人员流动最大的地区之一,应该不利于他们确定目标,而且,也能阻止他们肆无忌惮地对我俩采取不利的行动。再就是,我想和叶枫有一个能够脱离那间冲洗店的环境，继续培养一下感情。

　　拿到了去泰山的车票，开着那辆奥拓，我沿着熟悉的道路向那家熟悉的冲洗店驶去。今天不是星期天吗？怎么街上车那么少？不，应该说是街上除我之外找不到任何的行人和车辆。难道这两天有什么万人空巷的活动？可能是最近因为那个世界的事分心太多，真希望这件事快点结束，让我们回到正常人的生活。

　　前面左拐就到家了。家，家。

　　我把方向盘左转，发现看到的是一片完全陌生的街道。无奈，我只好继续向前开。开出这条街，我又看到了熟悉的街景。嗯，这次不会有错，先右转再左转再左转。

　　但当我车的转向灯换了三次后，我看到的仍旧是一片陌生的街道。这时叶枫的电话响起。

　　"怎么刚才从家门口过都不停下，你玩什么呢？招呼你也听不见。"

　　"我，我还没找到家啊。"

　　"少装了。丁力，我明明看见你开着那辆破奥拓从冲洗店前横冲直撞地开过去，就跟街上没车一样。你现在还能活着是你命大。抓紧回来，我们还有些行李要收拾呢！"

　　听到叶枫的话我急刹住了车。我已经从冲洗店前开过一次了？还是横冲直撞？怎么可能？我想起了空无一人的道路，那片陌生的街区，以及丁力如何伪装成我的样子。知道了事情的原因。一定是他们在我的车外虚拟出一片影像。我一直被窗外的景物迷惑了！

　　想到这儿，我吓出了一身冷汗。叶枫说我横冲直撞，也就是如果，我在以为前方没车的情况下踩一下油门，我就可能与车相撞。发生一起稀里糊涂的车祸？我推开车门，慌忙下车。马上听见了车鸣声及咒骂声。

　　"前面的停那干吗？挡路啊，有没有素质？"

　　"就是，刚才车开那么快，又一下子停住。神经病。"

　　我回头笑着对他们说声抱歉，发现交警冲着我亮起了罚单。

叶枫看到我时我正在交警队的办公室里。他们一致认为我喝了酒,但从我口中探不出喝酒的迹象。我知道自己是有口难辩,只得把叶枫叫来。

叶枫提着一瓶二锅头,对我说,喝两口。

我猛灌两口,再去检查,那仪器终于亮了。

"就是,早说喝酒不就没事了?"交警递出罚单,笑得灿烂。

"叶枫,现在就走。"我在出警局前说。

八

在前往泰安的大巴上,我告诉了叶枫事情的全部。

"也就是说他们开始行动了?要小心啊。"叶枫对我说。

"你明白为什么他们要阻止你结婚吗?"我问。

叶枫想了一会儿,无奈地摇了摇头。

"我只知道驾驶员可能因为极度伤心而失去能力。没听说过有结婚后就不能当驾驶员那一说啊?"

"极度伤心,失去能力?是不是,他们的本意就是让你失去能力?他们为什么要阻止这两个世界的交流呢?"我问。

"我知道那个世界里有两个组织,一个希望和正半轴世界建立联系,和平共处;另一个则希望毁灭这个世界的一些地方,实现最终对正半轴世界的移民。"

"要怎样实现呢?"我看到叶枫同样陷入思索,脱下外套,罩在叶枫身上。

"算了,该来的总会来的。休息吧。"

我望着车窗外逐渐隆起的山脉,感到了一股恐惧。如果那个组织阻止叶枫结婚是为了促进两个世界的联系,那,他们应该不会伤害叶枫。但如果他们的目的是阻止叶枫,那,叶枫时刻就陷入了被伤害的危险之中!

我不能允许这样的事情发生。

泰山,希望能带给我们好运。

这是我第一次来到泰山，但，泰山的风景让我感到了某种熟悉。这和在电视或旅游宣传册中看到过的那种感觉是不一样的。我记得我在一个特殊的地方看到过这些景象，那些景象并没有给我留下泰山的标签，是在哪呢？

沿着十八盘，我和叶枫上前那种似曾相识的感觉让我早已无心浏览眼前的风景。

泰山泰山，秦山秦山。

我有种恍然大悟的感觉，问叶枫："叶枫，那个世界与这个世界完全相同吗？我是指比如说泰山在那里叫什么？秦山？"

叶枫惊讶地看着我："你怎么知道？对啊。两个世界的地形是一样的，但像名字一类的东西则是各个世界的人们自己决定的。"

"那，会不会在那个世界中是一片蛮荒之地，在这个世界中是繁华的都市？像北京？"

"可能啊。嗯。你的意思是那伙人想在负半轴世界里摧毁一部分土地，让这个世界中的一些城市消失？一枚核弹，好像就能够导致这些。对，第二次世界大战时美国向广岛和长崎投放的那两颗原子弹就将那个世界中的两片森林摧毁。还有，你听说过发生在西伯利亚的通古斯大爆炸？那是由于另一个世界的一次大当量的核试验造成的。"

"你有多久没去那个世界？现在就去。"

"好，我必须先把情况向这个世界组织汇报一下。这种事情太恐怖了。"

"等等。在你走之前，我要你答应嫁给我。好吗？"

"我愿意。"说完，叶枫陷入了那种昏迷状态之中。

我看到周围的游客逐渐涌上，忙把叶枫安放于石凳上。但仍有热心的游客注意到了叶枫的昏迷。

"这位小姐是怎么了？要不要我们帮忙啊？"一位和善的老太太问。

"啊，没事没事。"我忙附和着。

"那怎么行。你还是叫救护队来吧。"老太太边说边拿出手机,拨了一个号码。

"电话不通哪。山里信号不太好。小伙子你还是到山下叫人上来吧。年前有几个外国人,也是爬着爬着就晕过去了。幸亏抢救及时。小伙子,大妈帮你看着她,你抓紧去。"老太太果然热心。我看到四周已经围满了游客,只得转身下山去。

嚷嚷的游客在山路上显得那样渺小,但同时我感觉有些地方不大对劲。现在虽然在山里,但,这可是风景名胜啊,能电话信号不好?那老太太?想到这儿,我疯狂地向上山方向跑去。

他们伤害不到叶枫,因为他们只能是一团影像。但他们完全可以把昏迷状态的叶枫伪装起来。我必须在天黑之前找到叶枫!

再一次回到刚才的地方我连石凳都找不到。叶枫到底会被藏在哪里?我拉住身边的游客问:"对不起,你看见一个女孩子吗?挺漂亮,昏迷着。"

但,拉他的那种触感让我想起了丁力的皮肤。

"丁力?"我质问道,"叶枫在哪里?"

"就在你身边,你自己找啊。"丁力说完,消失在了茫茫山色中。

叶枫就在我身边。但我从灰褐色的岩石中找不到任何我爱人的影子。我看四周的游客,他们只是一脸茫然,知道我需要帮助但又找不到我求助的原因。我开始用手试探着摸索,虚拟化的信息只是一些光学信号,那我应该可以摸到叶枫。

我的手触碰到了冰凉的石凳,我记得叶枫就在这儿。但,直到我的手指被粗糙的石凳磨破,我依旧没有找到爱人温暖的身体。我逐渐陷入了一种绝望,如果说自己的眼睛都不能相信,这种感觉和失明有什么区别?不,应该是远不如失明吧。那样至少不会被自己欺骗。

如果说游客并不能察觉到我周围环境的异常。那游客会不会把叶枫送到附近的医院中?我拨了一下叶枫的手机。

电话被人接通了。

"哈。叶枫在我们手上。你必须离开泰山才能救她。放心，我们不会伤害她的，她可是我们最重要的驾驶员呢！"丁力的声音让我感到一丝恶心。但我马上又发现了自己的无能为力。叶枫在他们手上，我还能怎么做？这大概是最无助的人质劫持案件了。我的爱人被不属于这个世界的人劫持，我却连警察都不能通知。

不对，我为什么不能通知警察？报告一起简单的游客失踪不就可以？丁力他们怕是没有足够的能量在所有游客眼前虚构出影像吧？

为了验证我的猜想，我找到了一台公共电话，又一次拨出了我熟悉的号码。这次手机铃声还未响起我就听见了丁力的声音。

"马上下山，叶枫在我们手上。"

听到这儿我第一次变得绝望。叶枫在他们手上这就意味着他们可以通过一种我不知道的方式实际接触这个世界。那就意味着我，一个普通的冲洗员要面对另一个世界里一群恐怖分子的攻击。我感到了一种类似于冰冻的绝望从胸口向下漫延，我仿佛开始无法呼吸，无法跷动我的手指，无法移动我的双脚。我想哭，我想回到那个小店。洗我的相片，和叶枫一起吃她做的饭。我想放弃，但我义无反顾地继续上山。

因为我知道自己的爱人在一群疯子手里，我必须为我的爱而战。直至用尽最后一丝力气耗掉最后一滴血，我也不应该绝望。

继续上山，找我的爱人，找另一个自己。消灭他或说是击退他是我现在唯一的选择。

上山的游客已经不多了，天渐渐地黑了。他们都在玉皇顶上等待明天的日出。那时候，太阳会染红最远处的天，天空会毫不犹豫地将太阳的温暖传遍世界。我在此刻明白了为什么会有那么多的人向往日出，因为那象征着希望。希望，在玉皇顶。

我环视四周，发现我正站在一条不知名的崎岖的山路上。我前方是在那个丁力照片上看到的那块大石头。大石头的正面是接近90度的光滑

的石壁，但另一面则是很缓的斜坡。我顺着斜坡爬上了那块石头。看起来那样高不可攀的石头竟可以从侧面轻而易举地爬上。是它一面的光滑造成了它高不可攀的假象吧。那丁力在我眼前虚构的假象是不是只是我观察到的一部分？我想起了关于蚂蚁铁盒的那个例子。如果一只蚂蚁从出生就被关在一个铁盒里，那它会不会认为铁盒就是世界？

就像那蚂蚁一样，我怎么能相信叶枫就在那个丁力他们手上？我又一次拨出了叶枫的手机号码。

"我知道是你。你让叶枫跟我说话。"

"丁力，抓紧来救我。负半轴世界的你怎么那么可恶！"叶枫的声音，没错。但我继续问道。

"叶枫，告诉我柯达的Kodachrome Super8胶卷的价格。"

"这个，我不记得了，你问这个干什么？"

听到这儿，我挂掉了电话。

那不是叶枫。因为她不会不清楚2007年那胶卷已经停产了。叶枫又在哪里？如果丁力仅仅能够控制我的信息获取，那游客看到叶枫一个女孩子昏倒在石凳上，他会怎样做。

想到这，我拨出了一个简单的电话号码110。

警察同志热情回复了我。

"是有一个女孩在我们这儿。我们怀疑她只是睡着了。"

叶枫，安全了。

九

叶枫的手机信号被丁力控制了。所以，我被关在了丁力精心虚构好的信息铁笼里。现在，我必须站在一个更高的角度，也就是铁盒的上方而不是铁盒里面观察这件事。

如果我和他在这两个世界上同时存在的话。那我们两个在三维坐标系中应该是同一个点。如果我这个点被擦掉，那么那个丁力应该也无法在那个世界中存在。我又想起了叶枫告诉我的丁力可能的计划。对，就是这样。要阻止丁力，最好的选择就是我，从这个世界消失。这是个很难作出的决定。但，我站在了这块石头之上。向后退是一片坦途，但那意味着这个世界将从属于那个世界。这个世界将成为一个巨大的能养供应站。我无路可退。前方是一处绝壁。应该足够在坐标系中擦掉这个点。

那个丁力就站在我面前。

"不要做傻事。高等的战胜低等的，这是最正常不过的事情。你要面对，你无法改变。就算我死了，你依旧无法改变。"

"你错了。这两个世界是平行的。没有高等低等之分。你知道，那才是无法改变的。可能现在我们的经济要落后一些，但你能确定将来？"

"我不知道。"

"再见了，兄弟。"

说完，我向下跳去。

我感觉地面一点点向我逼近。不，我闭上了眼睛。我不知道发生了什么。当我抬起头时我发现我仍旧躺在那块石头上。丁力对我说："你，赌赢了。我没法看你杀死我而无动于衷。我虚拟出了那块石头的影像，你并没有跳下去。但这耗费了我太多的能量。我想，暂时我的计划是失败了。但，如果我找到足够的能量，我会再来的。"说完，他身体的影像模糊不见。

我知道暂时躲过了危机。我知道下面要去，玉皇顶。叶枫在那等我。

黄花地丁
文/刘禹婷

淡然的香气，甜美的回忆。我们都有快乐、忧伤，幸而它们如黄花地丁般明媚。

楔子

"汀，快到院子里来！你猜我发现了什么？"

"亲爱的季羽，值得你一惊一乍的——难道是太阳掉下来了？"

太阳当然没掉下来，我刚踏进院子，它就在天上咧嘴一笑，阳光灿烂。

"昨天又没聊通宵，你怎么又带着黑眼圈儿。来看这个！"

"是蒲……黄花地丁啊。"

"这一朵很特别噢！"

"特别？"我重新打量它，从花冠到花托再到花梗——我不由得把眼瞪得铜铃般大，"啊？是石头开出的花？"

这一株小小的黄花地丁，在晨曦中挺直了倔强的花梗，舒展着细瘦的叶子，开出了美丽的淡黄色花朵，仿佛一簇明媚的阳光。而它的根，竟然生长在狭窄的石缝里。

"石头会开花。汀,这是什么预兆?"

……

一

盛夏,小城泸州。

这是季羽高考考砸的假期,也是我被保送进入重点高中的假期。

脸颊微红的太阳爬得老高,清晨,柔和的光洒下来,巨大的彩色广告牌显得格外鲜亮,商场的橱窗熠熠生辉,连木制模特的表情也变得生动。在米色大理石砖铺就的白招牌步行街上,我和季羽迎着四川盆地湿热的风,悠闲地走着。不过,大概只有她是真正的悠闲——我偷瞄了一眼——她仰面向微蓝的天空,安静地闭着那双涂了浅蓝眼影的单凤眼,棕色的眼睫毛在晨曦中闪烁莫名的光泽。

此刻的步行街静谧而美好,是最合适劝勉的场景。我继续打着腹稿,伯母昨夜的叮嘱又在耳畔响起。

"季汀,对你季羽堂姐,我们都不想强迫她。可这次,早知今日,我当初就不该放任她。本来高考考砸了,复读还有一线生机。她偏偏消极得很,跟我大谈'读书无用论',还说是发扬我和她爸救死扶伤的奉献精神,坚持要走专科去学医。学医也没错,但怎么能读专科呢?这年头,医学专科怎么找工作?关键是,她以后铁定后悔,还不恨死我?"昨天半夜,向来从容的伯母一脸焦虑地敲开我的门,只为这几句念叨,"你这么乖——我真羡慕你妈!你明天就去劝你姐,别说我来找过你啊。就算不复读,出国也好,她不是老说不适应国内教育吗?家里还有钱供她出国……"伯母说这些话的时候,眼角的鱼尾纹一颤一颤的,忽然就老了十岁。

我彻夜难眠。

"汀,晨曦真是一种奇妙的东西!它能给没有生命的静物巧妙地涂

上种种色彩,还能在瞬间赋予生命以新的情绪和思考。我先前的烦恼好像都轻了、淡了。谢谢你早上邀我出来散步哦!"

"嗯?"我回过神来。

"什么高考、成绩、志愿,都随风去吧……"她轻轻念着,用手指拈着蓝色睡裙的裙角,迈着轻快的脚步打了个旋儿,发丝飞扬,被晨曦染作了金色。

这叫"消极"吗?我暗想。季汀!你千万不要为了她一时舒服就放弃!不劝她就是毁了她!我一口气把台词全背了出来:"是的,过去的已经过去了。Tomorrow is another day,你应该以积极的态度选择复读。我相信一切都会好起来的。我也会尽力帮助你的!"

"特什么?"她停下滑步,一脸迷惑。

"特?Tomorrow is another day是英语唉,明天又是新的一天。"

"出自哪里?电影吗?"

"出自——你别转移话题。"

"Go ahead。不过,你是自发的?"

"……伯母交代的。"见她并没有过激的反应,我说了实话。

"是妈妈?算了吧,你还不知道我?天生不是读书的料。"季羽讪讪地笑起来,"初中,我就总在'后方'作战;高中,也是交了好多钱才勉强读了个普高。那么多钱,花在我这个笨人身上,真心疼!我妈也是,在读书上就不让步,我去读专科是迟早的事,早走早了。再说,学医也是我的梦……你记得我的梦吗?"季羽蓦地停下自怨自艾,转身180度问我。

"忘了,不过一定是白天做的。"我没好气地白她一眼。

"忘了吗?我说过,要做悬壶济世的名医……"季羽根本没理解到"白日梦"那层意思。

"现实些好不好?即使学医,也该去考一所正规的本科大学。不是学习的料？是你不够努力吧！"我带着微妙的骄傲。

"我有努力过……不过越努力越失望……心里也好乱好迷惘……"她神色黯淡，"我们别说这些了。我死都不会复读的，我这种人根本没法坚持下来的。而且，很丢脸。"

丢脸？我一愣。若有一天，我终于在追求名次和学历的路途上不堪重负，或抱憾而归，几经思量后选择复读，她会否像今天对自己一样对我说"你很丢脸"？圣玛诺西餐厅门口，一排服务员照例在齐声喊口号，我解气地嘀咕："书读不好，能找什么工作？如果当服务员，更丢脸。"

"什么意思，你？"风悄然停了，清丽的雀鸣也隐匿了。人来人往的步行街却是一片寂静。她的脸乌云密布，眸子里隐隐含着火，"学习不好，你就瞧不起？"

"我只希望你对自己的未来负责。"

"我这样就没有未来？我的生活，用得着你跑来演乖角儿？你不就是个书呆子！还轮不到你教训我！"季羽冲我吼道，打了腮红的脸都透出青色。

"我只是好言相劝。"

"闭嘴！你知道你是什么吗？高分低能！"

"那你是低分低能！"

"滚！"季羽抬起手狠狠地推了我一把，我跌坐在地上，全身散架似的疼。然后，她决绝地一转身，大步走掉了。

为什么她总像愚蠢的刺猬要对最亲的我有敌意？为什么她总像胆怯的兔子遇见困难就逃之夭夭？为什么她总像懦弱的乌龟永远躲在坚硬的壳里？为什么她没有一点儿像我们迷恋的黄花地丁？坚强，勇敢，哪怕有一点儿也好！

我慢慢爬起来，她落寞的背影在我的视野里渐渐模糊，留下一片碎金。转身，我像没头苍蝇似的朝反方向晃去，完全没留意到那辆白

色小车。

"哧——"伴随着一声凄厉的刹车声,我的世界一片混沌……

二

我以为,那天我的语言系统一定出了某种故障,才使我又一次口不择言,把真心话以气话的形式表达出来。

虽然她常常说我比她懂事,更像个姐姐;但季汀始终是堂妹,季羽才是堂姐。谁愿意在妹妹面前承认自己的失败呢?季羽一次次坦白她是差生,一次次承受周遭比较的目光,只因为她有一个成绩优异而且很亲密的堂妹。可我一直以为,这不是我的错。

其实小时候,我是极羡慕季羽的。

我长在单亲家庭,父亲老早就和不知名的妖女浪迹天涯去了,是母亲一手将我拉扯大。我是母亲的负担,母亲是我的煎熬;她对我十分苛刻,使我背负着沉重的成长负担,童年的欢乐寥寥无几;不过,也唯有拼命地学习,才能让我摆脱家庭的阴影。然而,季羽拥有幸福的三口之家,她的父母也就是我的伯父伯母,都是市医学院妇产科的医生,性格温和。别说极少责骂季羽,正如伯母自己所说,他们实在是给了她太多骄纵和自由。

自由的时间里,季羽成为奶奶院里的孩子王和家里的开心果。你见过她跳皮筋吗?轻盈翻飞,像一只蝴蝶。你听过她唱歌吗?歌声婉转,像一只百灵。你见过她画画吗?栩栩如生,就像风景照片。还有玩游戏,极速风暴,没有男孩子赢得了她!我妈也说,家里有个季羽,生活再苦也是甜的。

那时的她像太阳一样耀眼,内向的我,像星际间的尘埃一样整日围着她转,快乐她的快乐,亦忧伤她的忧伤。

也是那时,我们一起玩过《仙剑奇侠传》,被"五气朝元"、"元灵归心"等神奇医术吸引,都有了当名医的梦想。黄色蒲公英,性甘,微苦，具有清热解毒、消肿散结的疗效，是我们都很喜欢的花。在《本草纲目》里，黄色蒲公英又名黄花地丁。黄花地丁，黄花地丁，我们都觉得这个名字美丽而别致，从那以后，我们就只说黄花地丁而不提蒲公英了，且做姐妹之间某种默契的暗语，以纪念美好的童年。

因为，姊妹之间甜美的回忆，也只停留在黄花地丁盛开的童年。

首先，上学以后，我们不再住在奶奶家，学习任务加重，聚少离多；其次，她在学习上问题多多，我却是一帆风顺，彼此难有共同的话题。我母亲又说，我开始转运了，但愿不是我，带走了季羽的好运。最初，这一切并没有太大地影响她。她依旧热情乐观，对于相处时我表现出的种种情绪，总是一笑了之。

然而，从初三开始，她的性情忽然有了细微变化，变得有些喜怒无常，一会儿与我十分亲近，一会儿又冷言冷语；在学习上，也产生了自暴自弃的心理。以上都是外在，至于内心，已经远到我无法触摸。

仔细想来，这些变化似乎在一次体检过后，但这并不是催泪韩剧里惯有的情节。我有偷看过她的体检表，每一个格子里都注明了"正常"。我总不能把她的改变，归咎于幻想中的医生给她打错了针吧？所以，我只能臆测，或许我的优秀以及衍生的高傲、冷漠终于伤害到了她。

伯父伯母忙于工作，并没有留意这些改变。直到她交上乱七八糟的"坏朋友"，直到她凌晨喝得烂醉回家，直到中考将近她却玩起失踪，我终于良心发现，向他们上报了我的发现。"我怎么没觉得？"两人面面相觑，"你也是，怎么今天才说？"

我曾经埋怨母亲把我看得太牢，对我太过关注；但对比当时甚至今天的季羽，我在自责之余真有点幸灾乐祸。也许，我幼时羡慕她，已经到了嫉妒的地步。

后来的事记不清了，总之她被找到了，而且在伯父伯母的循循善诱下，规规矩矩开始了高中生活。再后来，我都不知道自己面对季羽时是

谁：是真爱她的妹妹还是微嘲她的优生？是她反叛时期的纵容者还是让她回归的拯救者？

我只知道，我们都变了。她不再有太阳耀眼的光芒，我也不甘心再做尘埃，其实，我从来都不甘心。我早就抛弃了名医的梦想，因为文科的医学类专业超低的就业率。不变的，只有她的梦想和梦想里盛开的黄花地丁，还有我们是姊妹。

所以，我亲爱的姐姐，你难道听不出我为你难过、担忧的心声吗？

青春的列车飞驰而去，在现实与梦想之间，很多时候，我们无从选择。

三

"咚咚"，有人在敲病房的门。窗外的阳光懒洋洋地渗进来，我躺在床上，抬眼看壁钟：下午3点。这种上不着午饭下不着晚餐的时间，谁会来？懒得理。

"咚咚咚咚"，来人很有耐心。我只得应了一声"在"，坐起来。门轻轻推开，是季羽。可是，我盯着那张难得朴素的脸，真的是她吗？Fomarina的荷色印花短外套和粉色中裙，AEE的红色皮鞋：如此反常的淑女装扮，让我不禁感到眩晕。她走过来，伸手将我的头发挽到耳后，顺而抚摸我的额头，"汀，我……我来看看你！头还晕吗？"声音也像泡过温泉一样，软绵绵的。

"还真有点儿。"我撩开她的手，想笑，"喊，现在才来，还假惺惺地装温柔。"

"你伯母气得罚我静闭三日了嘛。那天把我吓坏了！"她小心翼翼地解释，又冲门口嚷了一句，"喂，门外那位肇事司机，你不进来？"我顺着她的目光望过去，只见几天来一直对我照顾有加的肖医生探进半个头，有些拘谨有些尴尬。

"肖医生？"

"你好。那天对不起了。"他背着手走进来，对我点头笑笑。

我还是一副"丈二和尚摸不着头"的表情。

"那天的车祸，就是他！"季羽提醒。

"噢！是你？"我恍然大悟，一脸的愤慨，"怪不得这几天你待我这么好，原来你是罪魁祸首、万恶之源，居然在我们争吵的最后时刻把我撞晕了？害得我输了气势……"

"其实不是……"他涨红了脸妄图狡辩。

"你的每一句话都将成为对你不利的证词。"我很有灵感地发出米兰达警告。

季羽却插了一句没头没脑的话："其实不是车祸啦！因为，你根本就不是被撞晕的！"她夸张的笑容漾开来，"医生诊断，你是被吓晕的……哈哈！真是很丢脸，我们成绩优异又有魄力的季汀居然被车吓晕了！"

这次轮到我的脸红得赛过国旗。

"我在华西医科读大学，趁暑假学开车。是新手，开得很慢，还没撞到你我就刹住了车，你却一声不响地倒下——我以为碰上讹人的呢。"肖越紧跟着描述道，"你姐，疯了似的跑过来，一边打120，一边凶狠地踢车。这借来的车，哪能让她这么踢，可我一听她对120都用吼的，也不敢喊停了……"他眉飞色舞地讲述，简直把季羽比喻成了剽悍的侠女，她站在旁边都笑不出来了。

"明白了。"我打断她，算是给淑女打扮的季羽一个台阶下。

"我都不信，她真是你姐？你们反差还真大。"他仿佛和季羽一样在语言方面少根儿筋，毫不领情地继续讲，"你小时候很安静，脾气又好，才不像她那么野蛮。"

"我小时候？我们以前认识？"我吃惊不小。

"唉。小汀同学，你真的忘记我了。"他失望地望着我。黑发剪成斜庞克，带着深绿色的隐形眼镜，目光深邃，眉很英气，嘴角微微上

扬,含着笑意——我在脑海里努力搜索这样一张棱角分明的脸——"肖越,肖越……梓橦路小学?肖越哥哥?"

尘封的记忆无声地开启。"小学篱笆旁的黄花地丁/是记忆里有味道的风景/午睡操场传来蝉的声音/多少年后也还是很好听。"肖越,我小学班主任的孩子,正是在这时走进我的生命。他品学兼优,辅导我完成作业,教我写粉笔字,是我学习的榜样。最重要的是,他引领着内向的我在与人交流的世界静静遨游,把我眼底的寂寞,彩绘成缤纷的世界。他的存在,就像歌里唱的:是风在说话,顺着我方向;是海中的波浪,推着我成长。

"答对了。这束花就奖励给你。"他微笑着,从身后捧出一簇绚烂的黄花地丁。淡淡阳光撒在花朵上,有爱散开的味道,一点一点融化我的心。

"我记得,你很喜欢黄色蒲公英。我们上午特意去乡下采的。"他说。

"你们?你和我姐?"我口中微微酸涩。肖越和季羽并肩站在午后的阳光中,看上去很般配。

"对啊!汀,花给我,我把它插到花瓶里。"季羽拿来花瓶。那一刻,我对她忽然产生了一种奇异的抵触感,死死拽住我的黄花地丁,不愿松手。"怎么啦?"她奇怪地瞅着我,那抵触感稍纵即逝,我松开了手。

"小汀,我要去工作了。对了,我就在医院骨科实习,有什么事都可以找我。""保证随传随到,服务周到!"季羽默契地接过话,他们彼此相视一笑。

肖越走了,季羽惬意地坐在我床上,饶有兴趣地盯着我:"你是不是喜欢他?"

"不提倡早恋,只是朋友而已。"我又摇头又摆手,真怕被她看出了蛛丝马迹。

"是吗？"她狡黠一笑，起身要走，"好吧，绯闻女主角先休息，我就不打扰了。"

"走吧走吧，人总要学会自己长大。"

"嗯。你之前劝我的事，我会好好考虑；如果我还是走专科，希望你尊重我的决定。"走到门口，她回过头一本正经地说道。我点点头就当回应。

季羽喜欢肖越，这是我从她的神情中读出来的，那么肖越呢？接连几天下午，他都跑来找我聊天，天南海北，无论从哪里开聊，最后都要回归到季羽身上。看在他每天饼干糖水慰劳我的分上，出院前一天的下午，我索性直奔主题。

"明天就出院了。小汀还有什么要交代吗？"

"搞得像遗言似的……主要是我姐，拜托你帮她全方位参谋一下志愿，依据实际情况发挥你的智慧说服她复读。她的未来，就靠你了。"

"你说得好严肃啊。"

"本来就是很严肃的事情。"我将要扼杀襁褓中的对你的暗恋，我要用爱情的馈赠鼓舞季羽快快振作，这当然是很严肃的事情。

此刻，我感觉，心像他送我的黄花地丁一样枯萎了。原来那天，我在潜意识里把他当做了它，才迟迟不肯松手。难道这就是爱吗？风吹过了黄花地丁，像精灵游荡飞向远方，花开过会不会知道？

有一种无可奈何的酸楚。

却没有悲哀。

四

初秋，我先读到在废弃的作业本上留下的诗：飘/向远方/风去的方向/落/在他乡/风停的方向/斜织的秋雨/朦胧了渐远的背影/我只是/在窗台上/看着远方的人流/透过泪光/黄昏/我眺向远方/落霞染红了脸/传

入耳廓的/悠悠远远/是逝去的日子/忧伤的诗篇。

然后,我得到她经过"好好考虑"所作出的决定:她只用了一句轻描淡写的"这么久以来,你们都不管束我,这一次,也让我真正为自己做主吧"就说服了伯父伯母,去了成都一所专科学校。和肖越比翼双飞,没什么;可气的是,他们还是"私奔"。我本知道他们就那几天走,但不确定具体日期,只好等他们通知我。谁知,肖越的电话打来之时,他们已经到成都了,说什么"怕你十八相送,泪洒车站",我懒得抱怨,想起季羽的诗,只违心地说道:"像以前待我一样照顾好我姐。"

紧接着,我也投入了紧张的高中生活。

疲惫不堪的春节,我正在家里熬夜狂赶寒假作业,肖越一个电话捎来新年的祝福。电话那端,鞭炮声震耳欲聋,热闹极了。听完他照顾我姐的相关报告,我和他有一句没一句瞎聊了会儿,听到电话那端季羽的欢呼"好咧!再放一个!肖越,打完了没?"想到她只顾和肖越卿卿我我,完全把我抛诸脑后,好久不联系我,就说:"让我姐听电话。"

"你姐……你姐今天没在旁边。"他支支吾吾的。

"才怪,我刚才听见她叫你呢!"

"哦!不是她,那是我另一个同学!"他加重语气表示肯定。

我郁闷地挂了电话,皱着眉头想啊想,为什么季羽像在躲我一样呢?总之,季羽的声音,我是不会听错的。一个和我一起欢笑、一起忧伤16年的人,闭着眼听呼吸都知道是她。山一样高的假期作业容不得我在儿女情长上再费心思,我赶紧灭了这些念头。

暮春,我终于开始隐隐体会到季羽在学海中挣扎的痛苦和迷惘,整个人头昏脑涨,感觉神经绷得都快断了。

季羽这才有了音信,寄来一大叠在映秀镇中心小学实习的照片。其中有一张,背景是无边际的黄花地丁花田,炫目的金黄色在阳光下让人心醉。季羽头上别着一朵小小的黄花,被很多小孩子簇拥在画面中间。他们的脸上都挂着阳光般灿烂的笑容,季羽笑得尤为自信美丽。

照片的背后写着:亲爱的汀,我的选择是很正确的。照顾这些可爱的孩子们,可把我累坏了,不过也让我尝到了给予的美好滋味和被需要的幸福感。我意识到,无私地奉献爱,是很不容易的。

这真让我宽慰。亲爱的季羽,我将思念折成船,让它在无尽的河流上浮游,把日子凝冻成全部的期待,期待你归来。

五

冬季,阔别一年的季羽和肖越终于一起回来了。

临考了,我也特意请了半天假,从繁重的学习中抽身,陪伯母去接他们。在泸州车站,季羽两手空空迈着轻快的步子,肖越在后面苦哈哈地进行搬运工作。

哦,我的季羽姐姐,经过一年"深造",几乎像换了个人。白衬衣加牛仔裤,头发扎个马尾,素面朝天,神采奕奕,活脱脱一位干练女性。

"姐——"我冲她使劲挥挥手,高声呼唤道。她循声一眼就看见了我,然后三步并作两步奔过来,狠狠抱住我,激动地大叫:"汀!好想你!好开心你也来接我!"

"喊,你又来了,假惺惺。谁叫你在成都不跟我联系?"我诘问道,预备把一年来累积的不满和愤懑在一瞬间爆发。

"学习很忙嘛,又要义务工作。再说了,距离产生美,小别胜新……咳,我主要是为了把思念积累,以便今日欢聚一诉衷肠。"季羽越发能说会道了,编起理由来也是一套一套的。

"好吧,我宽恕你。"我不怀好意地笑笑,又问,"话说你和肖越当年私奔后,终日形影不离,你到底有没有搞定他——唔——"

"喂,你声小点啦!"季羽捂住我的嘴,笑得比哭还难看,"这些

问题我们晚上上床再说。"

"啊?""啊,口误!都怪你发起这些让我紧张的话题,叫我语无伦次的……"她干脆走到一边,我忍不住偷笑。

"哎,你们刚才说我什么呢?"肖越腾出一只手,从后面拍拍我的肩。

"Nothing."

夜幕降临,我和季羽早早地爬上床,很久没有这样倾心交谈了。空中清碧到如一片海,略有些浮云,仿佛有谁将墨笔在笔洗里摇曳似的,月亮注下清冷的光波来,像是一面新磨的铜镜。

"这一年,你过得还好吗?"我问。

"会辛苦,但不会后悔。学医收获很多快乐,在映秀支教则收获很多爱,都是美好的东西。"她眼里闪着光,"没有星星的夜晚我会很想你们,但又不再像以前只依赖你们给我的回忆;特别是肖越带我去支教,让我获益匪浅。"

听到"肖越"这个名字,我的心,还是会没来由地一阵疼。

"我们在映秀镇中心小学,名义上是医务室实习医生,实际上也代健康课。那里风景优美,但是环境很恶劣,泥石流啦滑坡啦都常发生。好多小孩家里都不富裕,父母也不在身边,但是,他们却在这样的条件下积极乐观地生活,努力地学习,从不分心,真是让我敬佩呢!也启示我要珍惜所拥有的一切,为别人的付出感恩……"

"只要你恢复了积极乐观的心态,相信你一定会创造属于自己的奇迹。其实读专科,也可以专升本,也可以进修。"

"我懂。妹妹……你呢?高二了,学习一定很辛苦吧?"她突然叫我一声妹妹,好像穿越时空的呼唤。

"还好吧。只是我以后再也不会怪你不努力了。说实话,我真的好累,好像想黄花地丁一样,飞到无人的角落睡一觉。"

"不要懈怠。你头脑聪明,天生就是读书的料,只要坚持下去,你一定会成功的!可别像姐姐这样,悔不当初。今年我回来得急,也没带礼物。如果你好好学习,明年夏天我再回来的时候,一定给你一份惊喜,一份本来就该属于你的惊喜。"季羽握住我的手,开始像个姐姐笑着对我许诺奖励。那是我从未感受过的温暖

我们在幽暗的一束灯光中凝视着彼此。季羽忽然冒出一句:"汀,其实,我好羡慕你。"

六

盛夏,中国四川。

太阳炙烤着大地,石头冒着白烟,那朵小小的黄花地丁在烈日下奄奄一息。

整整一年来,我都在期待季羽的惊喜,也在思索季羽羡慕的原因。但是现在,我明白我永远也得不到答案了。

这也不是作家可以编造的故事。因为以季羽支教所在地为中心的5·12大地震,带走了季羽她年轻的生命。据新闻报道,季羽所在的映秀镇中心小学,有27名教师为了挽救学生,献出了自己宝贵的生命,谱写了一曲生命的赞歌。没有人告诉我她是不是这其中的一员,萦绕在耳畔的,只有伯父伯母呼天抢地的哭声和肖越低低的抽泣。

"我就不该让她自己做主,不该被她那句鬼话说服……呜……那是我的孩子啊……"

"是我,我不该让她一个人去那里,结果错过周末回来的车,结果……"

其实,他们哪里有错呢?错的是我,倘若我一开始,就执意劝她复读,或许真的尚有一线生机。

季羽的遗体和遗物都运回来了。她不声不响地躺在那里,好像去年

冬天夜风沉醉的晚上,她睡着的情景。阳光里风吹得很轻,一朵黄花地丁停在我手心,淡黄色的丝絮,柔柔地在呼吸,不知怎么我想哭泣。

"汀,季羽这还有一封给你的信,还没有寄出的。"伯母噙着泪递给我一封浅蓝色的信。

我颤抖着展开,季羽熟悉的字迹映入眼帘。

亲爱的季汀:

我的妹妹,感谢上天让我可以这样称呼你。还有一个月,我就要回来了,我将会带给你世上最好的礼物。那是一颗爱你的心,它的主人是肖越。

那本就是属于你的东西,我知道你有多么珍惜它,正如珍惜我们之间甜美的回忆。但是,你为了我,舍弃爱情,不顾自己的感受?肖越说,你让他来帮助我、照顾我、鼓励我,我就想:我怎么有这么个傻妹妹呢!你给我很多,我却没什么能够给你,就把肖越,当做我送还你的礼物吧!

妹妹,其实,我真羡慕你。成绩只是很微小的因素,家庭才是真实的原因。你长在单亲家庭,也一定能够体会我的心境。初三那年,我在一次体检时,无意中得知自己的血型竟和他们不一样,最后被证实我不过是他们医院收养的弃婴。我一直心疼你,因为你很孤单,但那时,我突然发现,其实我才是真正的一个人,我是多么惊恐,多么绝望、多么羡慕你——你至少是有亲人的,我甚至不知道我为什么存在。我也终于明白为什么我父母不愿插手我的未来,他们也怀着未解开的心结。

幸亏有你。你真的充当了一个奇妙的角色。你向他们报告我的变化,你告诉我妈妈希望我复读,让我知道他们依然爱我,而且那份爱高于亲情。你把肖越让给我,让他把我带向另一片充满爱与美好的广阔天地,让我感悟到生命的真谛,重新认识了自己的价值。

你知道吗?在我支教的过程中,我开始真正懂得爱与生命。

生命就像一株小小的黄花地丁，顽强，有阳光和土壤就能生长。而爱，就像阳光一样普照着每一个生命，不必去追寻阳光的源头，只要有温暖就足够了。我的父母就是一味药性很好的黄花地丁，无私地把他们吸收的阳光输送给我，我是他们的种子，注定也要牵着风的手，飞向未知的远方，把我在他们身边所获得的阳光的温暖带向远方，在春天把爱的种子播撒，等到秋天收获满目金黄。

　　阳光的温暖，其实要靠黄花地丁的种子来传播，你懂吗？你说的坚强我会放在心上，

　　就算梦想有多么渺茫，我也要穿过迷雾，去拥抱明天灿烂的曙光。

　　那年我所谓追求名医的梦想，曾经不过是逃避你们的借口。但是，我感激这个梦想，也谢谢你。我就要回来了，真正的回到我的亲人身边。黄花地丁的种子飞舞的季节，我想，它一定染白了母亲的双鬓。我应该，趁来得及，说我爱你们。

　　但愿我们的梦想，都不曾改变。但愿我们都能回到最初的美好。

爱你的姐姐季羽
5月10日

　　风中，黄花地丁轻轻摇曳。我的泪潸然落下，眼前是一片明媚的黄色。

七

　　"石头会开花。汀，这是什么预兆？"
　　我想，这一定不是预言生命的艰苦，一定是告知生命的顽强。
　　生命的顽强，在于它消逝以后，依然有鼓舞人心的力量。

　　盛夏，小城泸州。
　　当那年四川盆地湿热的风停住脚步的时候，已经轮回了几个春秋。

  但我没有白白浪费这些时光。因为有一个人,帮助我重拾了童年的梦想,还有姊妹间失落的爱;我们一起完成了彼此心灵的救赎。

  我身边的男孩子,这个笑声像大海,眼里有阳光的男孩子,也是她送给我最宝贵的礼物,我会珍惜,永远珍惜。

  还有眼前这一片绚烂的黄花地丁。植根于石缝间的这些花儿,我们都深爱的花儿,在晨风中微微笑着,闪耀着太阳般明媚的光芒。

  亲爱的季羽,我的姐姐,你看见了吗?

满苍梧
文/马玲

轻浮的语言都已慢慢沉淀,即使难免会变得更加洗练。
我们,不曾妥协。

　　灰蓝的天空下气息间浸透了浓浓的水汽,像吸足了水分的海绵掂起来沉甸甸的有分量,轻轻用食指挤压便会在它表面形成酒窝似的小水洼。不会有水滴落,但那种亦满亦溢的感觉却细腻得以至于让我将其深刻地印在脑中。细碎地吟唱,每个在舌间萦绕的音符都染上这小城独有的色彩。它们中的许多,被这种独有的气质所打动,不经意间重拾了源自内心深处最真挚的召唤。那是种道不明的亲切,始料未及的。无须指引,提示也用不到,在空气中游荡的旋律便是于千言万语之上最好的诠释。我被这里所深深地吸引,在思考的间隙就提上书店赠的白色底衬上交织着绿色细网的小包,冲下火车飞一般的跳过灰白的枕木和横在眼前银亮的铁轨连同遍地可见的拇指指盖般大的石子,爬上由若干青灰的石块拼凑而成的表面是长方形的月台,兴奋得竟有些不知所措。在年成已久的油漆一片片地剥离的站牌上隐约地涂着两

个白色的形状，璟城。

　　新鲜的风呼啦啦地贯穿我单薄的身躯，自下而上，顺带着扬起柔和的发丝，空气中弥漫洗发水青草的新鲜香气。每每这样的时候，我都会想象自己是架草绿色的风琴亦或是棵万条垂下碧丝绦的杨柳。我会在风中起舞，边舞边唱，就这样旋转，让风鼓起我的裙摆胀成金黄的郁金香。唱现编的调调，最好能伴以小提琴琴弦间不断摩擦出的凄婉音符，不过单是想想罢了。近来幸福得简单，虽在这小城的街道上忘情般地舞蹈会不断地招来好奇路人鄙夷的目光，但还是有无比的熟识伴着真实的快乐涌进心中。像是海水涨潮了般，一浪接一浪地拍打沙滩，冲击岩石，退潮还会捡到各种纹式的扇贝以及张牙舞爪的小螃蟹。

　　舞着。在泛黄的古旧街道上背手轻快地踏着小碎步来一段踢踏舞步；在有着镂空雕花、吊着木制花篮、插着香水百合的围墙边踮起脚尖双手环举在胸前急速地旋转；在散发着石竹、混着玫瑰香气周遭栽满蔷薇和白丁香的花店前活泼地来个大跳后脚尖点地，作花蕾状将头埋在两手臂中；在充盈香甜与温馨，有大大的玻璃窗映着各式各样精致糕点缩影的小店前奔跑着跳开；在滴着水的屋檐下有着小小的蓝底白字招牌的奶茶店外，双手轻拎裙角行弯腰屈膝礼仿佛舞曲的终结，然后冲进小店照例要两杯加冰的蜜柚快线，捧在手心看冰一点点化了，在杯外凝结成一颗一颗透亮的可以折射太阳光泽的水滴。

　　苏栭说那就像是深海鱼儿在冰水中哭泣的眼泪，而我总会哧哧地笑她脑子进了冰水。

　　毓瑾，我的名字。按照苏栭的玩笑话讲，就是个不折不扣的疯子。

　　苏栭，我在璟城的朋友。

　　青色的果实表面还未褪尽的白色绒毛像层浅霜般涂在它尖头端，隐在青中透出的绯红里，贝齿扣合的一瞬，许多新鲜的汁液顺势涌进了口腔的各个角落。温暖的舌还来不及细细品味这汁液的美好就先被这让人措手不及的冰冷所包裹。青色的汁液从果实的缺口一滴滴流下来，染了手指和新换的白色棉布裙。裙面上有彩色丝线织成的条纹状小鱼图案。渐渐地，冰冷在舌间融化，可以感受到块状的浸透了水分的果肉入口时的甜软，伴着青色果皮渗出的清脆的咬劲和酸楚的回音以及靠近果核时以一种闭上眼，情不自禁地想要落泪的情愫触动味蕾的感伤，像触电般以迅雷不及掩耳之势从口腔将这股奇妙运往身体的细枝末节。而之后又习惯地吮吸染了汁液的指，然后心满意足地回身笑，笑靥如花。

双眸。这双含笑的眼却直勾勾地将我锁定在视线内。四目相对的时间，不得不说她裙子上那只色彩斑斓的鱼吸引了我绝大部分注意力。对鱼，厌恶之情向来溢于言表。它们离不开水的脆弱，合不上眼的无奈，任人宰割的可悲，发不出声的感慨，总之，连同她那双大眼睛也一并让我以为是鱼眼而不舒服。之后，便想到要逃，可那染着青色涂料的墙面更是让许久未到的恐慌一阵阵向我袭来。仿佛置身于一个真正的青色果实中，相伴的只有一个让我心神从未如此不宁的鱼儿一般的姑娘。

深紫的麻布上细拧的小辫麻花错落地交织空隙处，将外面暗红的光线分割开来，均匀地洒在用褐色的一个个小木框格开贴有白色窗纸的大扇落地推拉门上。一道道光的直线纹理在微潮的空气中划出痕迹，仿佛是时间的伤疤。整间房似乎是被暗红映得昏黄，连同檐下停留的正在结网的大蜘蛛以及院落周遭开得正灿烂的曼陀罗华。那时白色的花朵与永不落下的夕阳遥遥相对，拥着大屋和被连根拔起散落在昏黄中比夕阳更鲜红夺目的曼珠沙华，那反转的花冠像是一双将要紧扣的手。也许会握住心脏，反转过来，捏碎。

双眸，换了孤寂的眼神。

拿了樱桃，左手拇指和食指捏起深红的长柄，将饱满的像可以滴出血的果实放在鼻下轻嗅。她不吃只是看，细致地端详，坐在屋前木制的双台阶下层，双脚空悬，右手侧撑在白瓷的小碟旁。表情先前凝重，不

过一晃儿便浅浅地笑了出来。层层的褶皱让我看不到那白棉布裙面上绣了些什么,于是好奇地四处张望。

时间仿佛在这里凝固,这个静止的国度。

渐渐喜欢站在喷头下听水淅淅沥沥地打在浴室雾蒙蒙的水汽里,湿了亚麻色的从两侧掩住手臂的长发,看水一丝一丝从发间的罅隙中流淌干净。落地的大扇镜子表面此刻结了密密麻麻的水汽,紧紧地排列在一起勾勒出胴体模糊的轮廓,淡青色的磨砂玻璃在四周裹成尖顶的小屋。随手裹上条涤纶质地的正方形浴巾,空气中弥漫着的深深的水汽,伴着还未掉的浴液泡沫残留的奶香,很快便将一边站着的呆呆望着这一切的我浸润。这是外面空气带来的新鲜,冲破尖顶小屋里还微热的空气,冷冷地从方才拉开的缝隙中灌了进来,不及防的唐突。

裙面上无多余繁杂的饰样,简单的小摆由淡绿的大块碎布有意剪碎了拼成,在两侧缀着小巧的布带系成的精致的蝴蝶结。纯棉的质地,做工也着实令我喜欢,每个接口的线头都被细细地剪去挽上了小小的环扣,如一件美妙的艺术品般着实在我眼中奕奕生辉。上身,是件竖领衬衫。水洗了般的淡淡的粉,束腰,对襟的一侧整齐地嵌着同是浅色的扣子,亮晶晶的,是由贝壳打磨了制成。没有彩线的绣花亦无亮色的繁饰,穿苏枏选的衣服拿古铜色的桃木梳在镜前一次一次地拭过我亚麻色的直发,将身后的发丝拢到手边编成缠绕的麻花式样让发辫长长地垂至左肩胸前。着白色绣鞋,手工质地十分轻巧,用似火的丝线绣了对凌空的凤,犹如火红的曼珠沙华般惊艳的美。

苏枏拍手赞道,这真是个小小的淑女加工坊,这样的衣服也只有毓瑾的气质穿起才配。我静默着低头,听沙哑的歌声从她破损的声带发出,每个音符都轻轻地与心脏相碰撞,融化在汩汩流淌的血液里随脉搏一起跳动。我不能这样久久地站立,于是便伴着这歌声飞快地旋转,踏着音符奏起的鼓点,发辫随着舞步轻柔地摇摆。

傍晚，从苏柟公寓的玫色花窗打开的角度可以清晰地望见夕阳的火红与晚霞的灿美相交织的静止时刻。透了浓浓的水汽，染了空气的金黄柔和地为房内的饰品镀了橘的色调。一袭墨蓝底衬白色碎花的长裙，束腰处两条手掌宽的墨蓝布带在腰前靠右手边挽了大大的蝴蝶结，一只骨瓷质地的淡青色茶杯双手捧着，仰起不算精致的面庞隐在落日的余晖中轻合双眸。我是喜欢这时的她的，宛如一只青花瓷瓶般优雅地站立。面朝夕阳，此刻，夏花绽放。

那，毓瑾喜欢夏天吗？

此时云彩的余晖已慢慢暗淡许多，向西，最后的灿美也在黑漆漆的夜里沉了下去，沙哑的声音在房间里孤寂地回荡。苏柟面我而立，安静的影子在夜的喘息中打在湿湿的水汽里，看不见是何表情。

我开了落地灯，柔和的暖暖的橘光瞬间浸透乳白的窗帘及床单的水洗蓝。捧着同样款式的茶杯，我抬脸浅笑，我想，一个生在夏至正午的女孩是没有什么理由不爱夏的每一寸细节的。

我们久久地对视。笑靥如花。

凹陷的小窝细致紧密地排列在泛着红光的油油的皮层，像拉开的一张巨大的网般罩在红彤彤的果实上，正与窗外灿美的夕阳相辉映，照得满屋橘光。只有两个，摆在与膝同高的和式暖炉边紧挨着。它们中的一个被捧起来，放在左手上用右手食指腹点触着，于是念想便一瞬回到了旧时的弹珠游戏。透明的基质中各色的花瓣式装饰，光滑冰凉，不带任何感情色彩的冲撞，自己和自己玩得来的游戏。

一曲调还在不停地唱，散落在院中曼珠沙华精致的面庞里，像是要帮迷途的孩子导引回家的路。剥离，撕裂，白色的橘络在饱满的果肉散去后变得轻飘，像是大团的雪花穿过雾蒙蒙的湿扬在周围，也许会让这般静止的夕阳染上醉心的红。曾是那么饱那么满的橘粒在暗暗的光下奕奕生辉，透着生气。一刹那像是粼粼的湖面，水从四周涌上，波纹从中

时光的味道

间向四周散开来,一起一伏,载满生命的力量。

屋,静得忧郁,仿佛一头静止的小兽,呆呆地坐东向西,面朝落日的灿美低低地哀鸣。亘古不变的景仿佛召唤异世界离游的魂,歌声凄冷。单薄的睡裙摆打在冰凉的小腿上,刘海儿散乱,和暖的落日犹如圆润的大橘子让红得仿佛滴血的曼珠沙华舞得更加妖曳。矮矮的暖炉旁,她顺直的长发掠过肩膀,从两侧垂下像亚麻色的锦缎随着我眼神的起落闪出宝石般光泽。吸引,诱人。

同样的黄昏,相似的味觉,一般的静止,这样的雷同让我又仿佛回到了那个青色的果实中,相伴的还是这样一个让我纠结的女孩。昨日重现,安静,细长的脚踝如果着一对绣鞋会是那么好看,会如荷花出水般迷人。我就这样久久地望,熟识的感觉潮水一样漫上心头。厚重的感觉压得快要窒息时,一个声音打破静谧。

谁,是谁?

潮水般的厚重褪了下去,大雾散去般,这声犹如钟摆叩击内心的不安,反反复复,无止无休。回荡,冲击,我清晰地熟识这声音连同声音的主人。这声音的主人曾因为舌尖的音调染上璟城的独有色彩而跳下火车,曾捧着加冰的蜜柚快线嗤嗤地笑苏柟脑子进了冰水,曾握着杯子说生在夏至正午的女孩没有理由不爱夏的每一寸细节。这样的声音属于自己,那样的脸庞抬起,浅笑印在我脑海中。一张在浴室雾蒙蒙的水汽沾湿的穿衣镜里,曾映过的面孔让我顿然心起潮意。

就这样,梦境里遇见了另个自己。唐突,不决然,却那般真实。

苏柟说,布对于穷人来讲是这世上最华美的装饰品。不用花很多钱随便剪剪拼拼就能打造出理想中的居住空间,为原本单调的世界带来最真实的触觉、最灵动的色彩以及最诱人的温暖。这是我第一次听到有人用"诱人"来形容温暖。窗外是盛夏的温暖,36℃,足够诱人。

阴影,亮斑,光与影的游戏。阳光被切割,明暗随着树冠摆动交错相织，燥热无孔不入渗进罅隙打在下面两人身上。抬头，浓得染不开的绿像是天空中飞行的积雨云，一旦经过造雨运动就真的可以下起绿色的生命之雨来浇濯我们两棵受旱的小苗。也许，能挑这种天气出来逛的，也就只剩下苏枏和舍命陪君子的好心的我了。理由简单，为了买新的布料装饰公寓。

晴朗，碧蓝，无趣地望着天空，余光扫过身旁的苏枏。白色吸管，不断上升的橙色液体在上端弯曲的褶皱处停顿，视线仿佛被什么一下子吸引来到一个正六面体上。旋转，飞速，颜色与颜色的摩擦，窸窸窣窣，各行其路，混乱而不失规矩。指尖跳动着色彩的生命，就像是一个魔法世界，能让你抛开一切，甚至可以将你的世界全部吸引。转瞬，我被这样的指间魔力所迷。那个正方体的六面颜色后，我意识得到，过程中是一双怎样笃定的双眼，完成后又该换哪一种空洞的眼神。

回转过神，苏枏已执我的手臂站起，路过那个奇妙的地方我特意放慢了步调。头发齐整，没有尖锐的鬓角以及棱角分明的额。双肩书包，无框眼镜，很规矩的男孩。指节很短，指甲挫得很平，手腕上不带饰品，用平淡不过的语调作自我介绍，我叫苍旻，不习惯戴表。简洁，干净，让人舒服。他说，毓瑾有没有在梦中遇到过异世界的自己。

也许，那听起来并不是在发问，根本是用肯定的语气为紧接要讲的话做引题。整理笑容，调整呼吸，我用我正常不过的声音正视面前这个似是素未谋面的人轻声道，对不起，我最近很少做梦。

我以为，这会成为永不揭穿真相的谎言。对于面前这双灰黑的瞳孔，不明的恐惧侵占了内心的大半。我忆得起那晚潮水般的厚重，那个不断叩击心灵的响动，那永远静止灿美的晚霞。我想不出，除了逃，与另个我相遇还能做些什么。

交替，起落，苏枏拉我走出很远后停住了脚。她回身抱我，拥我入怀。我猜她会说为什么这样的事都不跟她讲，而我想，我还是不够了解我亲爱的苏枏。

　　静默，无声的交流，心领神会。

　　苦涩的味觉从舌尖绵延开来，后味却是意犹未尽的醇香。木制的窗棂外，淅淅沥沥下着的是黄昏前的阵雨。滴滴答答，湿了白色的窗纸。先是聚在一起，后来渐渐从中心渲染开来，像是新生的花蕾绽放般，过程不可言喻的奇妙，仿佛连着自己的呼吸心跳，终会开出令人惊艳的美。

　　一朵朵水花就这样尽情绽放。雨丝之间仿佛是手挽手般，前后坠落打在檐下浅浅的水窝里显得那样恋恋不舍。飞溅，波纹自中散开形成无数个同心圆前呼后应，热闹地挤在一起，簇簇团团，打散了映在其中妖媚的影子。绚烂，绯红被洗得越发娇艳。一双双反转过来紧扣的手，像是能扼住命运的喉。

　　无形的分割，水帘彼岸的我们互相凝视。拉长的水珠像是凸透镜隔在我们中间，所及之处，暗处放大受缚的魂。恐慌早已不在，厚重荡然无存。彼此之间原本熟识，其实一直相伴，相互热爱。

　　唇很干，上腭咬下唇时湿了蜕皮处时隐隐的痛。混着水声，若隐若现的言语让一切都裹上雨地泥土的气息。她说，我就是另一个你，也许你不该选择逃避。她说，为什么离家？语气平淡，让我想起了白天街上遇到的苍旻，自信的肯定，好像预料的一切都会发生。

　　离家的原因已经模糊不清，脑中的事物零零碎碎贯不成完整的通路，像是遗失了某些珍贵的记忆，仿佛撒向深渊的一把米，散落天涯。有些故事还没讲完，那就算了吧，那些心情在岁月中已经难辨真假。能放下记忆空落落安身的地方就是家，离了它，便可找回真实。活在安慰里的人只能是游魂，缚在屋顶墙壁内，找不到能让自己脚踏实地的躯壳。永远活在想象的温暖里，意识不到周围滴水成冰的空气足以致命。

　　蜘蛛躲在曼陀罗华的花叶下，蛛丝上晶莹的水珠映着花瓣精致的倒像。凝固的时间里，川流不息的水帘对面，她嘴角扬起，右边面颊陷进一个浅浅的酒窝。

风呼啦啦地穿过打开的玫红色花窗灌了进来，阳台的风信子下铜制的铃铛叮铃铃地互相撞击。清脆，让我想起古寺里磬的敲击声，叠叠层层，荡漾着散开。苏栴玩笑地说我怎么未老先衰，先想着如何避世隐居宁静致远了，我坐在穿衣镜前细细打量身后这个女孩。修长的脖颈，开襟立领衬得那一对锁骨更加突显，平滑的曲线是那样美好，仿佛是新嫁接的枝条。袖是大团大团荷叶蕾丝花边，紫色由深及浅，刻意收腰。下身中裙摆是一个个圆弧形拼接成，很有法国中世纪味道，弧与弧拼接处有带子从下向上收拢挽了结。一切看起来都是那么美好。

我找了苍旻。苏栴淡淡地讲，也许他可以帮你的。

侍者着黑色燕尾服，白色衬衣系规整的领带结，右手执托盘左手背在身后巧妙地穿梭于人群中，用很舒服的声音礼貌地问着，先生请问您要点什么？优雅的步调，干净的微笑，我喜欢这样的气氛。苍旻停下手中飞速旋转的魔方道，柳橙汁，三杯。

苍旻很快打乱了刚才完成的六面阶梯拼色，他看苏栴，手底速度未减。性格多面是很正常的，可一旦改变太快，人就会对这样的感觉产生依赖出现多面人性导致人格分裂，自己演自己的戏，在戏里饰不同角色，深陷其中时，便会难以自拔。演戏是因为空虚，而每个人空虚的原因则是因人而异。这种过程进去容易出来难，所以，重要的是找到出口。他抬眼看我，姐，你的出口在哪？

惊异写满了苏栴此刻的表情。苍旻右手紧紧握着魔方，六面体的八只尖锐的棱角深深刺进手掌。毓瑾，难道你要逃一辈子吗？

我撞倒了迎面来的人，汁液洒了一地。橙色。

褐色木纹格贴有白色窗纸的大扇落地推拉门上打着两个暗红的影

子。离开前的道别应该有，也许，再见应该是融为一体。

曼陀罗华像是滴出了血。

每当夕阳染红云朵的时候，都请让我久久地对望那灿美的晚霞，记得那静止的国度。

明月不归沉碧海，白云愁色满苍梧。

恰同学年少

90

观察天空飞过的鸟
玩杂志背面的填字游戏
学习菜肴的做法
心血来潮地剪报
按时吃饭，不抽烟，安于淡定
在笔记本上写字，白纸黑字
生存在世界背后
我们选择独自生存，我们是凡夫俗女

盲点
文/朱学颖

一切都仿佛斗转星移，而我……

距离新年的零点钟声响起只剩下几分钟，广场上人潮涌动，未来得及搬走的巨大圣诞树依旧身披五彩霓虹。宁杉身边站着四五个女生，似乎都是为了喜欢的明星有备而来，奋力举着巨大的海报板，还不时尖叫。

现场每个人的脸都被寒风吹出不自然的腮红，而笑容却毫无顾忌地在彼此间蔓延开来，对未来怀揣着无限憧憬与美好愿望的心情全都一览无余。宁杉往手上哈了几口气，偷偷看了看右手边的陌伽。发型是在和理发师强词夺理半天后的胜利品，脖子上是上周末一起去买的格子围巾，手机上的龙猫十字绣是前几天她送的圣诞礼物，自己也有一个。

但这又不是恋爱进行时的小说，再往右边瞧便很容易发现另一个正"噼里啪啦"疯狂发着短信的男生，手机上那同款不同色的龙猫在嚣张地晃呀晃的。

一式三份。

就像将秘密紧紧锁在最稳固的三角形中,一切细小破绽都可以被圆滑地抚平。

但还是想再靠近一点,不想在毕业前都一直维持着两边之和大于第三边的距离。于是从一个月前就开始策划,连着几晚苏修——也就是那个龙猫第三持有人,都被宁杉强迫出谋划策,而在各种光怪陆离千奇百怪神魔共舞的荒诞假设的连续摧残下,苏修终于明智地关了机,纵使第二天被宁杉掐得哇哇乱叫也宁死不屈。

丧失一名爱将后,宁杉只好独挑大梁,翻来覆去地考虑,总算决定让迎新倒数晚会承担起这个重任。早上出门前把计划发给了叛军离队临阵脱逃的苏修,对方却一副"早这样不就好了"的口气。

三人约在广场地铁旁的ＫＦＣ。宁杉提早半小时就到了,买了杯奶茶后又理了理衣服,看看刘海儿没有乱,发型也不是平时图方便的马尾,连着一个礼拜都有敷面膜所以皮肤应该也不错。面前的奶茶冒着暖暖的热气,用棒子机械地搅着,逐渐有了小小的旋涡,温润的奶香充盈周身。

那两人差不多都是踩点到的,看到宁杉一番故作平常的刻意打扮时,苏修故意挑着眉毛,对陌伽抛了个媚眼:"喂,小子,我外婆说你今天会红鸾星动哦!"

"你外婆她老人家已经前往西方极乐世界好多年了吧。"陌伽回了个白眼给他。

"这世上不是还有种东西叫托梦嘛,是吧小杉——"拖长的尾音丝毫不受女生瞪眼的影响。

还有十秒,宁杉深吸一口气,耳边是雷鸣般的整齐倒数声。

"九!"

"八!"

……

"二！"

"一！"

"……呀！"

瞬间雀跃起来的人群，将空间一下子压缩，已经在嘴边的话却由于突然被东西敲到头而哑然而止，身旁的女生勉强地拿着肇事者连连道歉，却又很快被人群冲走，陌伽和苏修围了过来。

"没事吧，很疼吗？"

"不会被敲傻了吧。"

怎么会这样，明明所有假设里都没有出现过这种状况，明明那么用心地准备，明明应该在零点的时候大声在他耳边喊出那四个字。喂，现在这算什么啊。在安慰声中，眼眶越发不能控制地泛起氤氲，嘴角紧紧抿着。

老天爷，不带这样的。

再次见面是三天后了。

宁杉由于上次的意外事件被打击得不轻，虽然自我安慰说这总比被拒绝要好，但怎么看都不是一个好兆头。数学课上教球，老师难得兼任起了地理老师的职务大讲经纬线，宁杉无聊地转着笔，上课内容畅通无阻地左进右出。

"你们知道吧，远距离的飞机航程来回票价是不一样的。"

"因为地球有自转嘛。"

"同方向的总归是合算的咯。"

口袋里的手机震了两下，一条新消息——上课不好好听，又在发什么傻。发件人是苏修。宁杉无奈地回过头，当事人却一本正经地假装在认真听课。"你钱多啊！"压低声音埋怨了句。再转回头去时，发现已经过去半节课了就索性打起精神听课。

下课铃声一打,班级里就骚动起来,男生一个个蓄势待发的样子。数学老师本来还想再讲道例题,但看见全班军心已经涣散,摇了摇头便宣布下课。全班一窝蜂地都冲出了教室,奔向食堂,这两个礼拜学校在翻修,原本两个食堂暂时合并起来,这就意味着将有一半的人面临着拿着饭盒找不到位子的窘境,或者可以选择叠坐这种过分让旁观者羞涩且只限于亲密关系的方式。在反复衡量宁杉他们三人叠坐在一起的可能性小于等于零的情况下,一致决定由拥有一个完美厨艺妈妈的苏修来承担起他们这段日子的伙食。

陌伽和宁杉一脸谄媚地看着苏修,对方故意慢慢地将巨大的三层饭盒从桌子里掏出来,"你们只有在这种时候才知道我的好啊。"为了吃饭的狗腿二人组拼命点头,而内心共同的OS是:你丫的每天都来这招不厌啊。

宁杉咬下一口鸡腿感慨:"苏修我觉得我和你妈肯定有心电感应,每次你妈做的竟然都是我最爱吃的。你看看这鸡腿,外脆里嫩的,你小子真是太有口福了。""那是你什么都吃的关系吧,杉猪。"苏修毫不客气。一直没出声的陌伽在一旁不禁笑了出来,又想到之前的事情。宁杉脸变得有些烫,低下头默默啃着鸡腿。

苏修看了眼宁杉,难得善心大发转开了话题:"陌伽,如果说因为地球有自转所以同向运行的时间会减少,那不是可以让飞机停在半空中十几个小时,然后降落下来不就直接到美国了嘛。""咦,好像是唉。"被勾起好奇心的宁杉忍不住抬起头来插嘴。陌伽好笑地看着女生:"笨蛋,但是有大气层在啊,除非飞机有一天可以冲出大气层,否则永远都会受影响的。"宁杉恍然大悟状,又继续埋头吃饭。

其实如果,宁杉在那时可以看到苏修的表情,也许,她可以早一点发现那些潜藏在表象之下不为人知的端倪。

暗恋往往是一个耗时耗力的漫长工程,不仅要经常善于选择一个恰如其分的位置故作自然地注意对方，还要创造各种偶遇的巧合混个脸熟，而不至于让"恋"之前一辈子都挂着永无天日的"暗"。但如果暗恋对象本身就是死党的话，套用网上的经典结论最合适了："要么告白成功获得一个恋人，要么告白失败失去一个死党。"看上去好像是不告白比较合算，可还是想试一试，何况是喜欢了那么多年的人。

这些年来，一直都还是很喜欢。

宁杉第一次遇见陌伽是在初二，最是叛逆得肆无忌惮的时候，父母忙于生意，每天留给宝贝女儿的仅有压在床头台灯下的一张百元大钞。偌大的房子里往往只有宁杉和定时来打扫、做饭的阿姨，偶尔从阿姨骄傲到咄咄逼人的话语中可以知道她有个和宁杉同年级的优秀儿子，拔尖的成绩，温和的性格，极好的人缘，的确是无论从哪方面看是都足以被父母天天放在嘴边炫耀的资本。但在宁杉眼里这一些都显得无比刺眼，尤其是在看到那个骄傲的母亲用鄙夷的眼神打量自己时，那些被人赞扬的、优秀的、羡慕的光芒在宁杉眼里是如此的肮脏丑陋。

换上超短的牛仔短裙，带着夸张的耳环，小烟熏妆将真实年龄模糊，宁杉趾高气扬地从正弯腰拖地的阿姨身边走过，清晰地听见了"小骚货"三个字，于是一秒都不迟疑地就把茶几上的一包瓜子全倒在地上，甩门而出。

而连宁杉自己都没有想到的是有一天阿姨竟会如此低声下气地求她，眼前女人的头发干枯无光，鬓角的灰发使劲向后延伸，脸上的表情因为痛哭的关系而扭曲在一起，为家庭操了一辈子心的伟大母亲为了突然被查出患有绝症的丈夫而不得不放下自己的尊严乞求东家的女儿帮自己向父母说情借钱。多么令人动容的感人一幕啊！

"好啊。"宁杉微勾嘴角答应。

阿姨惊讶地抬头，脸上还遍布着之前的泪水，事情顺利得有些难以置信，可是女孩的眼神是难得的真诚。也许以前真的是自己错了吧，毕

竟还是个孩子。

　　第二天宁杉特地将父母提早叫回来，电话里一副十万火急的语气，阿姨看到不禁更加愧疚，想要补偿似的在晚上多加了几个菜。宁杉的父母也破天荒地在晚饭前到了家，刚进门就被女儿拼命拉进了房间，留下阿姨一个人等在客厅里。没过多久，房间里隐约传出哭声，阿姨隐隐觉得不安，果然，房间门"砰"地被打开，女主人拉着宁杉气势汹汹地冲出来，到她面前一把将宁杉的袖子拉上去——白皙细嫩的皮肤上赫然有着两个香烟烫伤的痕迹。

　　所有反常的片段瞬间拼接起来，只差最后一块，阿姨不可置信地望向宁杉，哭得梨花带雨的人儿悄悄对着她露出了毫无城府的单纯笑容。

　　女主人仍在愤怒地质问阿姨，对方一言不发。几秒钟后终于如梦初醒般激动地指着宁杉恶毒地诅咒："你个小骚货会有报应的！"……当阿姨被父亲叫上来的保安架走时咒骂也没有停止，楼道里反复回响着破碎的笑声。

　　父母没待几分钟又接到了需要马上赶去签生意的电话，母亲从名牌包里掏出一小叠钱，塞到宁杉手里，叮嘱她吃完饭后自己去医院看看手上的伤，明天会有新的阿姨来做饭后，便又和父亲匆匆出门了。宁杉擦了擦脸上的眼泪，把桌子上还冒着热气的饭菜拿进厕所，按下抽水马桶。

　　所有人都自以为是地顶着华丽闪耀的光环做着最令人作呕的表情。你们都是这样的。

　　父母并没有因此就对宁杉有更多的关心，一切都好像什么都没有发生过一样，每天台灯下还是会压着一张钱，和父母还是几乎都见不到面，唯一有变的只能算是换了一个看上去唯唯诺诺的新阿姨。

　　宁杉像往常一样在晚上出门去朋友家开的游戏厅。风有些大，门口蹲着几个年纪差不多的男生，叼着烟，一身痞气，宁杉扫了眼便径直走进了游戏厅，会来这个地方的人总归是这种调调的。也不和朋友打招呼就熟练地踩上跳舞机，跳了几首平时熟练的舞曲，总觉得今天游戏厅里的气氛怪怪的，好像总有人在盯着自己看，回头所有人又都埋头于自己的游戏中，但不安的情绪更加强烈，于是打算早点回去。走出游戏厅，那几个男生还在门口，看见宁杉出来一个个都站了起来，宁杉快步走了两步发现他们竟然跟了上来，于是拔腿就跑，可毕竟短胳膊短腿的没跑几步就被抓住了后衣领，为首的男生拿着棒球棒笑得令人心惊，"兄弟拜托我们给你点颜色看看，你就忍忍吧。"说完就举起了球棒。宁杉的胳膊被紧紧箍着，怎么挣扎都是徒劳。

意料之中的疼痛并没有传来，睁开眼睛发现竟被人抱住，而刚才那一棍就是这个人替自己挡掉的。来不及多想宁杉就被敲昏了。

不知道睡了多久，迷迷糊糊地醒来，发现自己躺在游戏厅的沙发上，后脑勺清晰的痛感提醒着自己一切原来都是真的，真的莫名其妙。

"你醒啦。"才发现原来身边站着一个男生。

"呃，你是？"

"路见不平，以身相救的人咯。"

原来他就是之前帮自己挡了一棍的人，可是……宁杉不解地看着男生，规规矩矩的发型，干净整齐的衬衫，完全的好学生样子，这样的人怎么会插手进来。

"我叫陌伽。"男生温柔地笑着，打断了宁杉的思绪。游戏厅没有开暖气，冷飕飕的，可是对方眼底淌着满满的温暖，让人轻而易举就深信不疑的温暖。

之后两人便熟悉起来，巧的是原来陌伽和自己同校同年级，也顺便认识了陌伽的好兄弟苏修，虽然苏修第一次看到宁杉一副很是惊讶的表情，不过据他后来自己解释是因为她是陌伽第一个主动带来介绍的女生。当时虚荣心瞬间得到膨胀的感觉至今宁杉都还记得，对于陌伽来说

自己应该是不一样的存在吧。

经过那次事情后陌伽每天都主动担负起送宁杉回家的责任，宁杉觉得好笑："你又不会打架，万一他们又来还不是只有挨打的份儿。""至少可以替你挡下吧。"陌伽是这样告诉她的。虽然那群人再也没有出现过，但宁杉是认真地记住了那句轻易让她鼻子泛酸的话。就算再对周围世界失望，再将自己全身的刺都高高竖起，但心底的那块柔软始终都栖息在角落，希望被重视，希望被照顾，希望在泪流满面时有人摸着你的头轻声安慰的心情不曾削减分毫。

在充分信任对方的情况下，宁杉把自己大大小小的琐事都告诉了陌伽，没有注意他有没有认真听，只是自顾自地一直讲，不间断。不知道讲了多久，宁杉的声音越来越轻，最后剩下的只有小猫似的"呜呜"哭泣声。

"哭过就好了。"

残阳晕染了巨大的天幕，暖橘色的流光渗透远处高高低低的楼房，大片群鸟盘旋而过。

宁杉自己也不知道对陌伽从信任依赖到喜欢的质变是从何开始的，对于同样陪伴自己许久的苏修却没有任何歪念，抛开个性问题，陌伽是第一个保护自己的人这条太过重要，就好像有认床的习惯。

元旦后的日子由于一模就像扭足了发条拼命向前赶去，告白的事情被搁置了下来。

最后一场考试终于结束，宁杉伸了个懒腰，感觉考得都不错，苏修建议去唱歌，全班都积极响应。于是一群人浩浩荡荡涌进了ＫＴＶ，要了两个大包房，一个个都好像高考结束了的感觉。经过了快三小时的魔音灌耳，苏修从另一个麦霸手中抢过话筒，一脸深沉温柔地看着宁杉："下面这首歌我要送给我亲爱的小杉，大家鼓掌！"疲惫的众人都选择无视这个平时就情感过剩的男生，陆陆续续有人开始整理自己的东西准备结束后走人。

……
　　这是一首简单的小情歌
　　唱着我们心头的白鸽
　　我想我很适合
　　当一个歌颂者
　　青春在风中飘着
　　你知道就算大雨让这座城市颠倒
　　我会给你怀抱
　　受不了看见你背影来到
　　写下我度秒如年难捱的离骚
　　就算整个世界被寂寞绑票
　　我也不会奔跑
　　逃不了最后谁也都苍老
　　写下我时间和琴声交错的城堡
……

　　宁杉有些奇怪地看着唱得格外投入的苏修，这人今天吃错什么药啦。同时，另一个人正面无表情地死死盯着苏修。

　　结束后，本来苏修和宁杉正好顺路一起回家，不巧苏修临时接到一个电话说有急事，宁杉就说没关系，自己可以一个人回去，陌伽以"晚上女孩子一个人回家不安全"为理由要送她回家。苏修关照了几句便匆匆离开。
　　一下子只有宁杉和陌伽两个人了，本来应该早已经习惯的气氛却有些尴尬，沉默地并排走。并不算太晚，浅色的灯光从马路两旁的商店的

窗户中映照出来，来来往往的几乎都是成双成对的恋人，彼此亲昵地勾着胳膊牵着手。宁杉习惯性地往手上哈气，放下来时却突然被握住了，诧异地转头，陌伽眼睛还是看着前面，脸上却有可疑的淡淡红晕。

"以后冷就牵着我好了。"

十指相扣。幸福的味道在陌伽上衣的小小口袋中秘密发酵。

老天爷，我爱你。

几乎是满脸通红的一路回到家，一蹦三跳地跑进房间，迫不及待地想打电话给苏修告诉他这个意外的惊喜。但对方手机却一直无人接听，这家伙干什么去了，算了，星期一到学校和他讲好了，宁杉挂掉手机，幸福地抱着枕头在床上滚来滚去。

世界上还有什么事会比从告白到被告白要开心啊。

然而不只是星期一，直到放寒假苏修都没有来学校。手机也一直不通，平时整日在耳边唧唧喳喳不停的人突然凭空消失，已经不仅仅是不习惯了，不会出事了吧。

不安的情绪在去过苏修家后完全暴露在空气中。那天宁杉和陌伽特地问班主任要到苏修家的地址，可是在门外按了好久的门铃都没有人开，隔壁邻居闻声出来告诉他们苏修已经有段时间没回来了。宁杉追问了句他父母呢，邻居很诧异地说苏修父母在他小时候就离婚了，独自将他抚养长大的母亲也在前两年生病去世。

苏修，你到底瞒了我们多少事。

恋爱的甜蜜犹如混进了青柠的涩味，苏修不见后陌伽显得更加沉默，时不时地走神，宁杉看在眼里也没有办法。而这次寒假又似乎格外的漫长，从窗外望去的景色都仿佛被风吹跑了颜色，泛着苍凉的白。

出人意料的是开学第一天，班主任在课上说苏修转学了。虽然这代表苏修没事，但怎么会这么突然，苏修整整一个寒假都没有和他们联系过，甚至连告别的话都没有。

陌伽拍拍她的头，以作安慰。

高三的学习生活扑面而来让宁杉没有闲暇再去想苏修的事，只是在每次往后传卷子时，看见后面空着的位子，心里还是空落落的。

六月。

当宁杉走出考场，阳光格外刺眼。那些重复的单调生活终于可以伴着成堆的卷子一起送入废品回收站，苏修现在应该过得挺好吧，没有人斗嘴的日子果然会无聊，宁杉伸了个懒腰，等着陌伽出来。

几乎是在高考前好几个月有人就提议结束那天要去狂欢，名义是犒劳自己这十二年的学习生涯，很有一番终于熬出头的感觉。晚上所有人都处于一种癫狂状态，号称"千杯不醉"的宁杉也没有逃脱被灌醉的命运。一群人疯到凌晨才散掉，陌伽怕宁杉乘出租车会吐就背着她慢慢走回去，没想到半路上还是没忍住，吐了陌伽一身，轻声嘟囔了一句"不好意思啊"又睡过去。

路上朦朦胧胧中好像听到陌伽在打电话，声音大得有点吵。

陌伽看了看自己胸前的一大摊污秽物，无奈之下就先把宁杉带回在附近的自己家。将宁杉扶到沙发上后，进了卫生间，顺手把壁橱上的相架倒扣下。宁杉听到水声，迷迷糊糊地醒来想找水喝，脑袋昏昏沉沉地发胀，不小心一个踉跄撞到壁橱，零星琐物纷纷倒下，宁杉摇摇晃晃地想把它们都扶起来。

竖起相架，里面是一张合照。一个是自己熟悉的面孔，而另一个……

顿时酒醒了一大半，几乎是不可置信地看着眼前的照片。连陌伽走出来的声音都没有听到。

"她是我妈。不过她死了。"陌伽靠着卫生间门框，用毛巾擦着湿漉漉的头发，"你知道她怎么死的吗？"

宁杉手指紧紧抠着相架，没有出声。

"为了凑我爸的医药费,她每天要兼四五份工,还要到处去求人借钱。这场景你不会陌生吧。"陌伽笑着看了眼脸色惨白的宁杉,自顾自地说了下去,"可即便如此钱还是不够,连住院费都拖了好几个月,更不用说开刀的手术费了。那天医院说再不交钱就要强制出院,她跪在地上拼命求医生。谁也没想到她竟突然脑溢血昏了过去,虽然紧急治疗但两天后还是死了。我爸也在半个月后死了。"

照片上,阿姨满脸笑容地挽着儿子的手。身后绿荫缭绕。

"你说她为什么会死呢?为什么所有人都不肯帮她呢?为什么会有人那么狠心呢?"

"……对不起。"

"不要和我说对不起!"陌伽一步步靠近宁杉,"因为你的嫉妒,你的恶作剧,毁了我整个家,你有什么资格说对不起!"

看着快哭出来的宁杉,陌伽依旧不肯放过他:"你以为那次在游戏厅门口真的那么巧会有人英雄救美?如果当时不是苏修多管闲事你会得救?"

"可,那不是你……"

"当然不是我帮你挡的。既然那次计划被苏修搞砸了,索性就将计就计,本来还以为要费一番工夫的,没想到你竟蠢得那么容易就相信别人。虽然有很多次下手的机会,但苏修那小子却一心想保护你,为了让他放下戒心,我把计划拖了又拖。直到迎新那天早上苏修来找我,他一副郑重其事的样子说让我好好对你,我就知道其实他喜欢上你了。"

"苏修去美国后,你为什么没有动手?"

陌伽突然狂笑起来,洗发露的香味迫近鼻腔。

"你真的想知道原因吗?因为他死了。"

相架砸到地上。

"不可能!"

"你现在还觉得有什么会是不可能吗?你如愿成为我女朋友那天他

出了车祸，一直都在医院昏迷不醒。是我拜托班主任不要告诉大家这个消息的，说会影响大家的士气。而老师也很容易地就答应了。"

　　回忆在脑海中飞快倒转，宁杉突然明白过来："是你打电话把他支走的！是你害死苏修的！"

　　"不！不是我。我只是怕他会忍不住向你告白，我没有想到他会出车祸，我真的没有想到。"陌伽慢慢颓坐在地上，抱着头，"今天你醉得一塌糊涂，这么好的机会，可是我刚刚接到电话说苏修从晚上就开始咳血，凌晨的时候停止了心跳。"宁杉从来没有见过这样不堪一击的陌伽，印象中那个温暖的男生是什么时候走开了，又或者是从未到来过。

　　"过两天就是他生日了，去看看他吧。"
　　……

　　墓地宁静肃穆。
　　巨大苍穹囊括四宇，仿佛幼时母亲温暖柔软的怀抱，低吟浅语断断续续地从遥远彼岸传来。指腹轻轻擦过那张熟悉的笑脸，冰凉直抵胸口。
　　我们都好傻。
　　一切都仿佛斗转星移，而我竟在没有你的世界独自幸福了那么久。

史诗的书脊
文/吴如功

柏杨先生曾经提出一种中国历史进程的规律：一、旧王朝统治阶级腐败灭亡；二、军阀或变民集团乘机夺取政权，发生混战，杀人如麻；三、混战的最后胜利者建立新的王朝，组织新的政府，成为新的统治阶级；四、经过一段安定或繁荣的时间；五、再回到第一。这种规律可以说是"天下大势，分久必合，合久必分"的最完美诠释。是这种在治世与乱世间钟摆似的规律使中国人的文化中"英雄"这个概念的分量远远超过其他民族，现在我们难以揣摩这一国民性的起源，是否它起源在个人难以自保的乱世，中国人陷入的梦境有七成充满了金戈铁马，例如各地传统戏剧中绝大多数以战争和政事为背景的剧目。战争和推动战争的人们在市井乡里的戏台上宛如一枚枚坚硬的桃木钉，钉在了国人心底一份农耕民族潜在的激情上，也把文明中明暗交融的那部分一点点地渗了进去。

留下的印记，是一种同情者的泪水，是一簇燎原后的余烬。

他们是战争的落败者，是不称职的敌人和无力的统帅，人们在羡慕得胜者的荣华时却总是把情感摆放在他们的祭台上，那些身成功就之前就含恨而终的忠臣义士,那些喊着"二十年后又是一条好汉"的江洋大盗,那些一个错误决断就使得多少人与之殉葬的身价模糊不清的人,这与我们传统观念中"成者王侯败者寇"的方向截然相反,这便是中国式精神的一种逆判读。有谁敢说太史公《史记》中的项羽列传和李广列传不是煌煌几十万言中最精彩的部分?又有谁敢在打麦场的野戏台下和农人讲述被真豪杰曹操追得抱头鼠窜的刘玄德是伪君子呢?只有败亡甚至身死,才让他们的言行涂上了一抹褪不去的鲜艳。这鲜艳是一针强心剂,打在有着反抗压迫制度的心理需求又掌握着最基础话语权的民众身上。例如官府对农民加征一成半成的赋税,地主强迫长工用一年的劳苦钱抵偿前年欠下的高利贷,甚至延伸到知识分子的屡试不第和中下层官吏的官场失意,这些对现实的不满充斥他们的灵魂,可生活的重担不允许他们揭竿而起,他们也无力揭竿而起。这时除了对悲剧英雄情景的不平怒吼与同情泪水之外,他们还能做什么呢?这是集体性的精神胜利法,他们苍白的理由掩盖不了他们不愿承受悲剧英雄命运的懦弱。

那么,就暂且把崇拜者和偶像的症结之一归结于"无奈"罢了。

经常有人迷惑于为何悲剧英雄们更富有人性化,不圆满的结局让他们背离了传统英雄的"高、大、全"而充满个性的锋芒,他们极端、唯我,有庸者的缺点也不失伟人的气势。例如项羽,这般盖世的豪杰,连中了张良的十面埋伏和四面楚歌,最终在垓下部下四散,只余下美人虞姬和宝马乌骓。虞姬无言的死是对末路英雄的爱与忠诚;同样在乌江亭长要用小舟载项羽过江重整霸业时,项羽赠乌骓与他以保马逃生,同样是出于对伙伴的忠诚。当一切后事都已料理完毕时,项羽和最后的部下冲向汉军,最后骄傲地在敌军面前自刎。他怀着对天下和各种复杂情感的身躯缓缓倒下时,不会有人记得张良的绝代妙计,也不会有人记得刘邦的天下平定,而吕马童等人的分尸邀功此刻简直就是对英雄无耻的亵渎了。人们只会记得项羽无双的豪气和绝境前对所爱之人之物最后的温柔,而忘却他导致这一结局的刚愎自用与狂妄自大。相比之下同样身为

悲剧英雄的俄底修斯和源义经总使人感觉欠缺了什么，他们的命运同样充斥着无奈，那种面对众神降予他无可逆转的命运虽竭力终究失败的悲凉感，或被兄长与恩人家族步步紧逼却无力抗争的脆弱感并不比项羽的杀身成仁渺小，他们只是缺少与人民天然的联系，即使是山村匹夫一样具有杀身成仁以纾国难的可能性，但生来具有杀父娶母的诅咒或贵公子的家族宿命，却只可以被台下的人们欷歔。人们不会忘记自己仅仅是在千百年薪继火传的农耕文明中以安逸和土地为生的农人，正如一块被开垦的处女地，盲目无序地播种都难以让它生长出生命的养料，人们在规矩下的方圆制造着保守中的创新。退而求其次，"房要小，地要少，养个黄牛慢慢搞"（《白鹿原》）。树为偶像的英雄们打破了高高在上的神坛，最终还要尘埃落定——他们要与凡人形成鲜明的对比，他们也要为活在宿命中的凡人们指明方向：脚踏实地，你我便同样是人。只不过那种天降大任的宿命使你我不同。这便是坚韧的文化纽带——人性化和人性化升华后的命运感。

就是这种"升华的可能"让悲剧英雄扎根在最广大的民众中，而不是戏剧课本和长卷浮世绘里。

阅尽史书我们可以不无自嘲地为中国历史上的伟人们总结出一个定律：中国的英雄们都是理想主义者，中国的圣人们都是现实主义者。圣人们永无力量掌握政权，掌握政权的英雄们永无力量拒绝圣人们的理论；于是历史车轮便在理想主义的进化（不如说是沦丧）中缓缓进入"太平盛世"，直到人们现实到"利己"甚至"唯己"时，新理想和新伟人出现，带来新的乱世。我们总爱把"时势造英雄"挂在嘴边作为否定英雄主义的托词，殊不知正是英雄书写了时代，或者英雄强烈的理想主义书写了时代。从小老师便教育我们要"立大志向，做'大写'人"，而还未衰老的我们现在还有几个人在沿着理想化的道路前行？那些叫我们立志的老师又有几个儿时便希冀日后教书育人的？现在我们的时代提倡做"平凡中见伟大"的英雄，事实上他们并非"英雄"，那些被设置在聚光灯下的人们可以被称做"义士"、"能吏"、"孝子"……但他们只是体制中杰出的螺丝钉，英雄则是跳出体制为天下苍生谋福利的。他们是舵手，流动着唯理想化的力量控制时代的方向，而只知蝇营狗苟的人们只是桨下的波纹，散了便散了，无人记起。倘若是坚定的理想接触到了礁石，即使船毁人亡，依然不失得轰轰烈烈。例如切·格瓦拉，例如十二月党人，例如暗杀教派……让人无力自嘲的是，我们只能让异国英雄演绎唯理想化的传奇，因为在古老的中国，理想主义的悲剧英雄要么背负"愚蠢"的称号死不瞑目，要么用成功洗净了理想主义的尘埃，在大团圆的结局中等待圣人用"现实照进理想"，然后在歌颂中羽化成仙。

有的人说他们已经不再富有悲剧色彩，事实上他们圆满下的哀伤才刚刚开始。

终结乱世，安宁下来的人民和英雄的助手们把功成名就的英雄扶上宝座，向他山呼万岁，将自己的生命与前途交付于他，并竭力满足他的一切欲望。此时的英雄已浑然不再是"人"，臣民们也不再允许他做一个"人"，他只有被无限权力包围着，奢靡岁月消磨着，百废待兴的时代他只需要准奏盖印，他还能做什么？于是英雄们杀掉尽忠职守的助手，建宫殿，选美女，给庸碌的儿孙留下锦绣江山和一群奴才。然后他合上双眼，向着历史车轮的惯性宣告自己的皇图霸业归于尘土——并无英雄笑到最后，他们的悲剧都源自人民中对权威习惯性的服从。而这服从，也是三分真七分假。中国人在失败的伟大人物中选择了刚愎自用的武将和崇古的教育家扶上文武二圣的位置，并视之为神敬畏有加，可拜过关二爷的黑社会小弟照样在危难时打大哥的黑枪；敬了孔夫子的读书人亦想废了太学不让别人读书（见《资治通鉴》殷浩事）。不是关二爷的忠义和孔夫子的有教无类出了问题，而是当悲剧英雄的悲剧被人们视为某种精神的象征时，加以神化，这一象征便因过于完美失去了悲剧的色彩，从而十全十美，从而索然无味，从而不过是整个民族的心理安

慰。人们只知道英雄的伟大忘却了他们的无奈,人性与理想,连磕头声的回音都是一片茫然,正如王小波所说:你知道天下三分之二的受苦人都是谁吗?你知道他们受的都是什么苦吗?反之,你知道他们为什么被顶礼膜拜吗?你知道自己为什么为他们的成败扼腕叹息吗?这是一个民族性格上的倒刺,指向了一个个时代隐形的伤口。

电子时代的落地窗下,新人类彩色的瞳孔中,我们竟然已经找不到这种隐形的伤口。

在一个大人们无法用美好的GDP数字为孩子们描述未来的时代;在一个年轻人否定英雄主义转而用短信投票塑造自己理想中偶像的时代;在一个现实的重量从未如此沉重以至于人们必须把理想化作最后一口氧气维持生存的时代,人们已经愈发地感觉到自己的生活本身便已是一出哈姆莱特,当复仇之剑指向镜中自己时,我们发觉自己已俨然是华丽悲剧中的主角。成功英雄的团圆和悲剧英雄的残缺都已被忽略,忽略成老电影中指导员中枪后的遗言,还有选秀落败后选手挤出来的泪水。英雄最终被完美地消费了,消费得淋漓殆尽如同七折甩卖的过时唇膏,可没人知道它被涂在了哪个人的双唇上,淋漓殆尽成了五千年凝聚的一滴血。

与其如此,宁愿时至今日人们依然在敬畏的旋涡中打转,宁愿从未有过悲剧,亦从未有过英雄。

我父亲单位所在的办公楼内有一间为政府机关服务的激光印刷厂,他们印制公文、稿信纸、宣传广告或者本地小文人自费出版的诗集和小说。我常常在周末去父亲单位玩电脑时顺便看一眼工人工作,那些身穿遍布油污的蓝工作服的人们沉默地在机器的轰鸣声中搬运纸张、排版、油印、裁纸……然后用胶塑出书页被整合好时的书脊,加以外套,准备外运。他们的完成品总是质量不佳的,因为劣质的玻璃胶总让书籍在几经翻阅后分崩离析。

那么,英雄们血与火的史诗假使缺少了坚强的书脊,分崩离析的将是这个民族的文明，还是凌强不欺弱的骨气呢？无论人们何般漠视英雄和他们天命不济的命运，它始终在某个角落和我们的血脉共存，毕竟在任何时代都有大大小小的悲剧以不同形式上演，毕竟任何时刻都有无助的人渴望一个竭力抗争的英雄，用以鼓起生活的勇气，毕竟任何时空都有群人曾经用阳光和鲜血书写历史背后的长诗，即使人们在心底焚烧让我们深觉渺小的英雄们的画像，再张狂地在空位摆上自己的照片——一页书会认为自己代替了整部史诗，事实上它仅仅是一个组成，而我们连一个字、一个标点都不是，自大的眼睛目睹史诗接近尾声，伴随着合卷时一声轻响，悲剧英雄的神话不再，我们的人生随之始终，怀着景仰，怀着景仰后的叹息和一个情结面前手舞足蹈的流连。

然而，我们还是像胡吗个那样用方言唱一首歌吧，并且做一个流水线上的熟练工，把属于英雄和我们自己的史诗装订成册，为它塑造坚实的书脊和华丽的封面，最后关闭电闸，沉沉睡去。

然后在这时代荒凉的梦里做一个悲壮的英雄。

赫德路一九二号
文/付晓雨

一

我遇见她,在一个夏日的午后。

二

树影婆娑,阳光被树叶切割成无数条,斜斜地从屋檐倾泻下来。

照在她的脸上,眼眸是明媚的,嘴唇是饱满的。还有那两颊的红晕,也流露着孩子般天真的色彩。

她冲我微笑。一副淡淡的鹅黄色眼镜架在她那张波澜不惊的方正脸盘上。与这笑容融汇在一起。融化了夏日里的我。思路变得像雨中远处的风景一样,不清晰。

我看到她冲我招手。于是,我朝她走去。走过种满小雏菊的庭院。来到她的门前。

门牌上的字迹是清晰的。赫德路一九二号。常德公寓。

你说,我遇见谁了呢。

三

我成了出入常德公寓的常客。

只不过每次应门，十有八九开门的不是她。那个夏天，我总是穿着象牙色的连衣裙，走起路来脚下像生出了一朵朵白莲花。乌黑的长发上夹着透亮的翡翠发卡，它就像一个在夏日里不断舞动的精灵，只是因为跳累了，才得以在我的发髻上休憩。

开门的女佣人已经上了年纪，但是很慈祥，声音轻柔得让我感觉躺在了一堆蓬松的棉花糖上，她喜欢一面摸着我的翡翠发卡一面微笑地望我，干净的声音传入我的耳朵：小姐还在楼上。

于是我经常一个人悄悄走上二楼，她写作的房间在那里。

我尽量放慢脚步，不去打扰到她。如果不小心让她察觉了，她总会把脸从一堆手写的书稿中抬起来，冲我淡淡地一笑，我总是在这个时候变得恍惚起来，不知为何，竟觉得这笑中藏着嗔怪。而至于她的眼睛，我多数时候是不敢直视的，她的眼睛大而明亮，纯洁却又让你感觉深不可测如黑洞般神秘。她不多言语，对于我的到访，常常仅是一处眼神的交流，一抹唇边的微笑，就成了知道双方存在的唯一信号。

偶尔累了，她便不会再写下去，而是摘下那副带着淡淡鹅黄色边框的眼镜，用米色鹅绒布轻轻裹好，放到桌上。向我招呼一声，把我带到房间的另一个角落，不同于书房的大气，这里收拾得简单随意，但却处处体现了她的用心。地上铺着小块的波斯地毯，茶几上的花瓶里插的是刚刚被摘下，感觉还带着新鲜露水的鸢尾花，几份早上刚买回来的英语报刊被整齐的摆放在花瓶旁边，这是她闲暇时最爱读的，而她读报的习惯和极强的英语能力，多半还是她一两年前在香港上学时养成的。墙上仅有的装饰是一幅油画，画面是凌乱的，各种色彩仿佛在水的调和下乱了分寸，让人分不清、看不明。我呆呆地望着那幅画，猜想画家究竟想表现什么，像是一种挣扎，又像是一种呐喊。她看出了我的不解，微笑着告诉我：这幅画的名字叫《易碎品》。是我在香港的一家小画廊里偶

然发现的。你知道,我为它的色彩着迷,而它的名字,更是让我毫不犹豫就买下了它。

她说这些时没有看我,目光一直追溯到远方,太阳即将落下,余晖笼罩着上海的每一个胡同,每一个弄堂。我静静地看着她,她的脸上此刻被蒙上了一层橘黄色的光晕,上海即将迎来最繁华的夜幕,而我却不想看那层光圈在她身边消失。因为只有这个时候,她的脸上才不会掩饰任何,任何本应不属于她的迷茫和孤单。

闲暇时她会拿来她家族的照片给我看。那些脸孔对我来说是陌生的,这时候她便不同于以往的沉默,每翻到一处就要给我介绍两句。我吃惊于她的背后原来曾经有这样一个辉煌的家族,然而她却没有享受到这个家族带给她的一丝一毫。反倒是因为家族的没落,让她更早地看清人世的浮华,万物的易逝。怪不得她曾经对自己的弟弟张子静说:想做什么,就立即去做,否则就来不及了。人,是最拿不准的东西了。

我注意到她每次都会在一张照片上停留很久,那是我看到的仅有的一张她同她母亲的合影。那时的她应该是十五六的年龄,长长的头发,身材修长。坐在秋千上,身穿一袭碎花裙子,从法国回来的母亲站在她旁边,一只手轻轻勾住她的肩膀,脸上写满了温柔,那是一位母亲最美丽的表情。

母亲走了,留下她一个人,她面对的是思想陈旧不堪的父亲和对鸦片情有独钟的继母,她要过的是纵使她一百个不愿意一千个不愿意也要过的生活。我无法想象,当年的她守在那栋老宅里,望着榻上沉迷于鸦片的父亲,是怎样的无奈和心痛,那些香气像一把把匕首,一刀又一刀地割在她的心上。她却不做声、不流泪,放纵自己的内心慢慢沉积成一个可以容纳千丝情万缕愁的天地。

自此,冷暖自知。

你告诉我，谁又能责备她的冷漠。她就像一颗原本饱满健康的树种，却生不逢时，注定在狂风暴雨的摧残下坎坷地长大。在没成型之前就过早地接受了现实残酷的洗礼，于是，一切都预示了她在长大之后会是怎样的苍劲虬曲。

她也不是只爱坐在书桌前的。

偶尔天气晴朗，她会拉着我的手和我一同上街。我最爱看她穿那件宽宽的丝绸褂子，色彩是渐变的浅绿，然而穿在她身上却一点儿都不俗气，风一吹，仿佛绿水秋波般荡漾开去。

我和她一起去百乐门看演出。

一同在夜晚的外摆渡桥上散步，看远处的霓虹。

她去丝绸铺子里挑最新的款式和色彩。搭在自己的身上，兴奋地在镜子前面转圈，然后羞涩地问我看起来如何。

她会为我买来只有在街边老艺人那里才能得到的小泥人。得意的表情挂在她脸上，那一刻我觉得她比我还像个孩子。

对。她就是一个孩子。

一个不谙世事的孩子。一个把自己包裹在文字里的孩子。

一个别人眼中神秘高傲的女子。心中纵使藏着怎样的一番浓墨重彩，也无人知晓。

这样想的时候我总会有些得意。她的精神世界是一座蔷薇园。我误打误撞，却接触到了最真实的美丽。

我想待在这园子里。和她对话，和她交流。和她一同观看这个喧嚣繁盛又没落的世界所上演的一幕又一幕悲欢离合。

四

属于上海的这个夏天，很长很长。

　　路边的法国梧桐被阳光洗得油亮亮的。偶尔会下几天的雨，雨过天晴，空气中混杂着泥土清新的味道。我在这个夏天，路过一个又一个花园，一片又一片树荫，一座又一座欧式的建筑。然而我都没有停留，脚步不知不觉地就踏上了去赫德路一九二号的路。

　　有时候远远地地看到她站在阳台上。我就这样望着她，脑海中兀地蹦出了她曾经在《我的天才梦》中的描述。那是她年仅十四岁时的惊人之作。

　　西班牙式的白墙就这样将她心中梦想的天空切割成不规则的块与条。每一处棱角都那么清晰。她享受自己豆蔻年华里那些属于生命的喜悦。

　　我想着她在一个凉风习习的傍晚走在并不宽敞的小径上，两边栽满了灌木或者高高的香樟树，它们就像自己的观众，看年轻的她跳出独特的舞步。

　　我想着她会在早上天还没亮就趴在阳台上等待日出。看太阳的光辉洒向自己热爱的城市，洒在黄浦江面上，泛起一片刺眼的波光粼粼。

　　我想着她坐在小小的藤椅上，享受微风带给她的滑爽与清丽，听风中那些淡淡的苏格兰风笛声。

　　我想着她在阳光明媚的下午，坐上通往图书馆的双层巴士，伸出手去摘那些繁盛在枝头的绿叶……

　　我突然渴望自己变成一个忠诚的守梦人。

　　可是，梦想和现实，总会有一些差距。

　　当我只希望她对我一个人讲故事的时候，她的魅力，却早已像一颗石子被投进了平静的湖面，在大上海泛起了阵阵涟漪。

　　她红了。一时间各种报刊上都印有她的文字。她的爱好、她的经历、她的家族背景都成为了人们津津乐道的话题。她成了人们眼中文学界的一朵奇葩，甚至她独爱的爱司头、高跟儿鞋也成了人们跟风的一种潮流。

她是渴望出名的。早在我们刚刚认识的时候，她就告诉我出名要趁早。她说一个人假使没什么特长，最好是做得特别，可以引人注意。与其做一个平庸的人过一辈子清闲生活，还不如做一个特别的人做特别的事，起码大家都晓得有这么一个人，不管他是好是坏。

我知道她从小就受母亲的影响，希望有一天也可以像母亲那样光鲜美丽。如今，整个大上海，这个被人们喻为东方冒险家的乐园的地方到处都充斥着她的色彩。她的独特仿佛是一朵花，开在了太多思想被旧文学禁锢、渴望新生命的人们心中。可是，为什么我却不能发自内心地为她开心呢？

我依旧会去常德公寓。只是如今，她常常不在家。她有太多的宴会要去应付、去应酬。一楼的客厅也被她重新装修过，是她爱的欧式风格，富丽堂皇。各界的名流经常会在这里聚会，谈笑风生，我一眼就能在人群中认出她，她的眼睛依旧明亮，爱司头梳理得一丝不苟，服装也只穿最明艳的颜色和最独特的款式。还有她脸上始终不变的自然和笃定，让人深深地被她吸引，所以即使是当时的社交名媛，美丽也是同她无法比的。要知道人格的魅力永远要比娇俏的容颜更让人欢喜。

她写了一部又一部作品。在她的笔下演绎的永远都是最平凡的人。可经她一写，却又处处透露着独特。她有她自己的人生道理：好的作品在于它是以人生的安慰做底子来描写人生的飞扬。她安排了一个又一个悲惨的爱情命运。就像一位指挥家控制着整场音乐会的格调，她也操纵着太多人的命运。

可她有没有想过，自己第一次的爱情，也像浓烈的结合之后爆炸出的细小灰尘，只是被记忆的风一吹，就隔天涯之远。

她和胡兰成的相识是因为一封信件。我不知道如此冷静到冷漠的她,为何在爱上之后也会这样痴狂。

我总是坐在她的身边,看她和胡兰成谈话。我第一次在她脸上看出别样的神采,那是一种发自内心的欢喜和喜悦。我恍惚中觉得,她已不再是我认识的那个她,那个在任何人面前寡言少语的她唯独在胡兰成面前像打开了话匣子,一发不可收拾,常常一坐就四五个小时。忘记了时间,忘记了我。

胡兰成走后,她总会在阳台上站一会儿,即使胡兰成的身影早已经消失在拐角的路口。我轻轻走到她身边,她的脸上还泛着红晕,我不忍心打扰她,可我还是担忧着。因为她是名噪一时的新锐女作家,前途无量,而对方虽然稍有才华,却只是一个早有家室,并且政治身份混乱的汉奸。

她的单纯,她的不谙世事,又怎是一个见异思迁,性格顽劣的男人能匹配的?

如今,你快乐吗?我走到她身边,轻轻问道。甚至不渴望她会回答。

她果然没回答。只是微笑着看我,眼眸依旧深邃如秋水。她摸摸我的发髻,翡翠发卡微微晃动了两下。

因为她早已经把答案写进了文字里。

"见了他,她变得很低很低,低到尘埃里,但她心里是喜欢的,从尘埃里开出花来。"

没有比这更好的答案了。

这天突然下起了雨。炎热了一个夏天的空气,突然变得安静了起来。

夏天,是不是快结束了呢。

五

我好久没有去常德公寓。仅有的一次,我在远处望过去。屋里的灯光是温暖的,她现在,或许应该过得很好吧。

六

最后一次去常德公寓。

我还是决定不再和她赌气,毕竟那是她关于爱的选择,而我当初只是天真的想要看她幸福,所以才不满意于她所作的决定。

可我找不到她了。

一切都像原来一样,波斯地毯还是铺在原地,墙上挂着那幅她钟爱的油画作品,只是茶几上的花瓶里没有了鸢尾花。那些露珠跑去了哪里,它们是不是和我一样,渴望见到她?
她的书桌上罩着一层薄薄的灰尘。
茶几上的英语报刊也是几个月之前的。
你门外的信箱里塞满了很多读者的来信。
你在哪里。
我急得快要哭出来。就像小时候丢失了心爱的布娃娃,跑了很长很长的路,也不知道自己究竟把它丢到了哪里。
究竟发生了什么。谁又可以来告诉我。

我想到了报纸。我翻出了过去一段时间所有的报纸,搜索关于她的所有信息。
仿佛根据它们,我就能找到她。

我起初认为自己会成功的。因为我在报刊上找到了太多她的名字。

她后来嫁给了胡兰成。

她和胡兰成只是维系了短暂的婚姻。

她离开上海，去了香港。

她定居美国洛杉矶，又嫁给了美国作家赖雅。

她的生活拮据，只能靠写稿谋生。

她被发现在洛杉矶的家中自然死亡，享年七十五岁。

她的骨灰按照她生前的遗嘱，撒在广阔的太平洋里。

如果可以。我想知道，在你生前的最后时光，当你躺在洛杉矶的家中，你是否会想起自己在大洋彼岸的曾经。

是否会想起赫德路一九二号的常德公寓。我曾遇见过你。

七

我睁开眼睛。天已经蒙蒙亮了。

桌上还摆着我昨晚冲的咖啡，和一本厚厚的《张爱玲传》。

看来是不知不觉又睡着了。可是，为什么觉得自己那么清醒。

窗外的阳光透过玻璃照在我的脸上。

我像触电般猛然惊醒。急忙穿好衣服，冲下楼去。

我现在只想去赫德路一九二号。

希望还能够遇上她。希望还来得及。

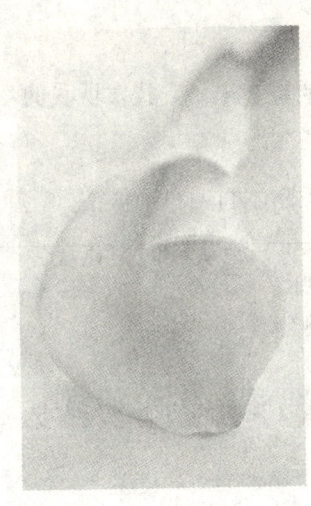

这是我的温柔
文/梁霄

阿鸣在电话里轻轻叫我的名字,她的声音在我的耳畔徐徐绽放,她说:"墨染,我回来了。"

我平静地回答她:"好,你在哪里?我去找你。"

十年后,阿鸣回到了我们的故乡。中国南方的一个小城镇。

她约我去一家名字不怎么让人舒服的咖啡馆见面。其实,三个月前,我比她要更早来到这里,我躲在满怀童年气息的阁楼里等待她的消息。我们为了完成十年前一个幼稚的约定。

十年前的今天,阿鸣蹲在路边的长椅上,左手握着一罐啤酒,右手拽着我的衣襟。她的声音真的是很好听,不过当时有些莫名其妙的沙哑。她不安、急躁地喊我的名字,"陆墨染!陆墨染!我就要走了,我告诉你哦,我就要和这个屁都没有的小城市彻底决裂了!"

她把我拉到她的面前:"你知不知道什么叫飞黄腾达?"

阿鸣的表情让我惊恐,我以为她疯了。

我抓紧她的肩:"你要去哪儿鬼混?"

阿鸣不回答我,她的眼神又开始迷离了。

良久,我说:"好吧,你赶快走,最好不要再回来。"我发现我的声音在颤抖。

"不要这样,你给我十年,我回来看你。"阿鸣自顾自地低语。

她站起身来要给我拥抱,我转过身不敢领情。她从后面攥紧我的手,说:"我一定回来看你。"

她醉了。醉到看不清丛莽严遮的未来。我承认那时的我们已经有足够的勇气去选择人生,可终究还是太年轻。

总之,阿鸣当时是真正的高兴,连眼神中都雀跃着兴奋。她举杯向我庆祝,宣布她已经跳出了现实的牢笼,未来和梦想达到高度统一。

我抢过她手中的易拉罐,端起啤酒一饮而尽。十年了,那种苦涩还让我记忆犹新。啤酒哽在我的喉间跃动,让我难以下咽。我的味蕾和它格格不入。

从那个时候我就开始明白,我离这个光怪陆离的世界太远。因为我没有办法像阿鸣那样痛痛快快地喝下让人很不爽的啤酒。

所以,很多年前,从那罐啤酒开始,整个世界都在嘲笑我的怯懦。

十年间,小城在时光中仿佛静止,一切都没怎么改变。只是天空比以前更加忧郁,带着一种浅灰色的寂寥。路面依旧斑驳,树影轻锁着一团又一团细小的碎光。弄堂深处隐约有着一种匪夷所思的空旷。

我走过一段怀旧的回廊,终于抵达了目的地。我调整好呼吸,推开玻璃门走了进去。

清脆的风铃声和这家店的名字感觉一样,破碎。

阿鸣坐在离我大约七步远的小桌旁。现在咖啡馆里只有她一个人。我很容易找到目标。

她的头发已经彻底变长，漂染着一点轻狂而又不失大方的暗红色。

她背对着我，留给我一帧动人的背影。我又想起十年前十六岁的她，一头干净的短发，笑容清澈地张望着。

我走过去，站在她的面前。

她起身，又一次微笑："你好，作家。"

我点一点头，坐下来和她说话。不知道为什么，我不敢直视她的眼睛，只好偷偷窥探阔别了十年的她。

"你……现在在做什么？"我小心翼翼地问。

"马上要出唱片了。"她笑道，举手投足间浅浅地散发着一种迷人的慵懒。

哦。是的。阿鸣的梦想是成为一名歌手，我还记得。

曾经，她带我去全城为数不多的酒吧。我们没钱，一起坐在酒吧门外的台阶上，听着从里面传来的震耳欲聋的靡靡之音，一直到天明。

无数状如鸵鸟、形如怪物的男女涌进去，再被丢出来，趴到路边吐得昏天黑地。

最后，悄无声息的破晓，空气中开始凝结黎明的死寂。阿鸣站起身来拍拍裤子上的土，再推醒已经睡着的我，说："走啦，我们去上课。"

我跟在她的身后，看她点燃一支烟，动作熟练地把玩在指尖。她不抽，只是需要一种颓废来衬托她自以为是的沧桑和那点渺小的孤单和自卑。

我记得她用烟头指着那家名叫"天不黑"的酒吧对我憧憬："总有一天，我要到这里面唱歌。"我想我当时应该嘲笑她说她的梦想好廉价。可是我却点点头，觉得她什么都是对的。因为十六岁的时候，我认为阿鸣就是我的整个世界。

　　我们时常穿过窄窄的石板街，与树影下的阳光轻轻挑逗。我们走过落满花瓣的小径，寻找隐藏在这个小城中的秘密。我们躲在音像店的试音间里，听很多很多的流行歌曲。而那些被我们一次又一次匆匆错过的清晨与午后，就跌进盛夏安然的时光里，变得无迹可寻。

　　我们有时候也去我家老旧的阁楼。避开我的父母，踩着保险窗从二楼的阳台直接翻进去。我们会爬上屋顶：如果是夏天，就可以望见一整片纯净的天空，云被风剪成羽毛的形状，像浮游在大海上的白帆。

　　我们坐下来，随便说些什么，静静等待太阳慢慢熄灭。

　　那年冬天，下着很大的雪。阿鸣穿着一件绯红的羊毛裙，在屋顶上唱歌，那是我第一次听她唱歌，她很动情，唱到我的眼泪都快要滚落下来。

　　她很开心，站在原地转圈，裙袂飞起来，就像一次盛大的绽放。

　　末了，她给我一个拥抱："墨染，祝我生日快乐。"

　　我恍然大悟，不知道该说些什么。

　　她总是这么的纯洁，让我心动让我慌乱了眼神。

　　有一次，我们去一家很著名的琴房。她还是没钱，带我从后窗翻进去——这是我们惯用的伎俩。

　　我们穿梭在各式各样的钢琴间，仿佛来到了另一个奇异的世界。这里的怪兽们很温柔，不会咆哮嘶吼，只是叮叮咚咚。

　　阿鸣最终停留在了一架白色的三脚架钢琴前，她的手指轻轻抚摸着光滑的键盘，一不小心碰出了简洁的音符，让我们都很揪心。她不会弹，只是望着它，迷恋地望着它，好像在想象着未来。那会是什么样子呢？玻璃鞋、白纱裙，还有一双在键盘上跳跃的灵巧的手，它们可以算是奢望，可以让十六岁的阿鸣屈服，将她彻底打败。

　　我的眼中仿佛有一声叹息，那是阿鸣的背影。

其实，那时我也在想象，想象着我能够跑过去，从背后抱紧阿鸣，跟她说我一直以来想要对她说的话，说"我爱你"。

的确。我喜欢阿鸣。

我记得在一次体育课上，我摔伤了腿。

阿鸣来医院看我，带着我最爱吃的苹果。她坐在床边，一只手捧着我的病腿，另一只手轻轻扣在纱布上面。她问我："疼吗？"

我摇摇头，看她把脸颊贴在上面轻蹭。一瞬间，我全身发烫。

我想那个时候应该是在秋天，否则阿鸣的脸庞不会那么的楚楚动人，眼睛晕染着一层微凉的光。

我躺在病床上，看着嫣然的秋光倾泻在她的头发上，她认真的表情让我坚定并且固执地认为，幸福能够像现在这样绵长不断。可是我知道，这只是爱情电影中经久不衰的一个经典镜头：男女主人公在医院的重逢是全剧的高潮，他们的感情如同烈酒。可是很快，可恶的编剧就会让女主人公移情别恋，被抛弃的男人总会变成龙套。

这多像预言。

所以阿鸣，你的世界没有我，你也不会知道我有多爱你。

十六岁时我写给你的信铺满了整个房间的地板，却因为懦弱而一封也不敢寄给你，你总是带我逃课带我听歌陪我去屋顶看云，那时候，少年不知愁滋味，我们还有大把的青春可以挥霍。

阿鸣，我总是在想，你是那么完美。你也许不属于我，或者绝对不属于我。你放纵，早熟，风情万种又隐约着单纯；你简单，热烈，热爱一切美好的事物；你疯狂，真诚，做你想做的事，爱你想爱的人——但那不是我，那不会是我，你的意中人，应该和你一样，拥有这世上最澄

澈的芬芳，而不是像我这样沉闷，无聊，封闭。

你说我这么做人真好，一辈子只属于一个女孩。可我却很难过，因为你还说我好冷，冷到有时候可以冷冻所有，寒了你的心。

可是，阿鸣，我这样固执且深情，并不是为了让你爱我，那是你的自由。但，我想要告诉你，我只是心甘情愿用穷其一生的力量去捍卫你的梦想、你的热情，还有你抛弃一切肮脏的勇气和倔强。

那个时候，我还不知道原来哪怕是再热情纯净的心，也会渐渐染上市井的荒凉。

我清楚地记得，那是一个秋季的雨夜。沉静却象征着改变。

窗外的景致一片朦胧，我的阁楼在雨中散发出一种诡异的清香，这香气可以让我销魂。天很黑，是像墨一样的黑，仿佛要从云层上滴落下来，流淌成一条忧郁的河流。雨声是破碎的，打在风的触角上，它们安然合奏，彼此默契。

百无聊赖中我听见阿鸣在楼下喊我，我打开窗，望见她穿着白T恤、牛仔裤，安静地站在大雨里。我急忙撑了伞赶出去。

爽朗的夜风吹起我的衣衫，在一片迷人的秋夜雨雾中，阿鸣抱紧了我。她的发如同天使翅膀上的柔软的羽翼，轻轻地掠过我的胸膛，让我无比心动。

她从怀里掏出一包梧桐的落叶，央求我："墨染，你的文笔好，帮我写首情诗。"

我说："写在这上面？"

她点点头。

我又问："你要干什么？"

她不语，只是用眼睛盯着我，窥探着我心中那一大片清冷的荒芜。此时，因为欣喜，那里正酝酿着春天的盛放。

良久，我终于点点头。

其实，我的心中已经有了一个答案，只是我不愿相信。

阿鸣用右手托起我的下巴，又开始喃喃自语，她的眼神迷离，说："墨染……我喜欢你啊……但是要原谅我不能和你在一起……总有一天……总有一天……你会明白我的处心积虑……"

她说完这些便把落叶塞给我，然后华丽地转身，从我的伞下逃掉。她开始在大雨里奔跑，我紧跟在她的后面，想问个究竟，却总是追不上她。后来我放弃了，站在伞下望着她模糊的身影。我想叫住她，却唤不出她的名字，我的手在慌乱中不禁伸向前去，却一不小心戳破了一捧枯萎的香气。

就这样，我看着她离我越来越远。

阿鸣，是不是有一天，你也会明白我的痴迷？

事情的结果在我的预料之中，阿鸣用我写在落叶上的情诗征服了一个人的心。那个人是"天不黑"酒吧老板的儿子，他已经上了大学。他和阿鸣好了。每天都要去"天不黑"约会。

这就是答案。我知道这不公平。

阿鸣，你不会知道，在那个雨夜，我躲在潮湿的阁楼里，坐在老旧的书桌旁，望着眼前的一堆落叶几乎要哭出来。

我奉献出最俊朗的笔迹和一颗爱你的心，在叶片上写下最荒凉的诗句。我把爱融进脆弱的语言里，我篡改着别人的文字，再填满自己的忧郁。我的笔尖微颤，我写下：

我的生命只有三天

> 我从没有把握
> 一天用来出生
> 一天用来死亡
> 还有一天用来爱你

我把那些叶子捧在手心，俯下头去深深嗅闻，我这才发现，它们已经染上了我的孤寂。

这不公平。

可我还能说什么呢？我只是难过，转过身来也只是能够捕捉到虚无的风，哪里都是空。这一切，都因爱而沾染上罪恶。

后来，阿鸣如愿以偿地成为"天不黑"的驻唱歌手，她把头发染成浓郁的紫色，却是个原子弹爆炸的造型。

那又是一个个孤单的夜——她的左手钩着那个人的脖子，右手拎着高跟儿鞋光脚走在落满月光的马路上。他们招摇过市。下了晚自习的学生从他们身边经过，于是他们就故意纵情高歌。

青春这样糜烂，令我不忍多看。

那些改变从我们十六岁的冬天开始。阿鸣在深沉的夜里开始了第一次恋爱。她彻彻底底沉沦在了那个灯红酒绿的世界：男人们聚在一起吸烟，女人们也笑得花枝招展。

这就是她一直梦想着的天堂，愤青、摇滚青年以及人渣们喜爱的地方。把虚伪的奉承当做真挚，让欺骗和谎言幻化成妖娆的悲凉，而她还认为它是天堂。

月光如泪，人们总说天堂的月光如泪。可是这里没有如同月光般晶莹的眼泪。

万事万物的真相，在这里原来就只有触目的猩红。

所以，阿鸣，当你站在那个狭小的舞台上唱歌的时候，一束强光照亮了你的眼睛，你似乎看到了真相。然后，在无数扭动的躯体和挥舞的手臂间，在理所当然的失望和欲望里，在万事万物都混浊的那一刻，你遗弃了你的善良。

而我，从那个雨夜开始，便已经决定，我不会再爱阿鸣。

她的变化让我措手不及，使我无法辨别失意和失望。

其实它们并没有什么本质性的区别，都来自空虚和恐惧。但，失意有时是一种诗意，而失望却可以沦为绝望。

只是有一次，我远远地看见她走来，便不知所措地慌忙躲到一棵树的后面。我在心里质问自己，为什么要躲呢？但当我看见她对着手机大声讲话的样子的那一刻，我才觉醒，原来她的发梢早已没有了让我迷恋的气息，那种从前只属于她的淡淡的香，现在只能萦绕在记忆里。

我这才明白，她为了梦想，陨落了自己。

从那以后，我们长久的没有联系。

天空在那个让人伤心的冬天开始落雪，不知道为什么，我不敢仰起脸去迎接漫天的洁白。我该怎么办。

终于，在春天将近的时候，我鼓起勇气打电话给阿鸣。
我告诉她："你在变坏。"
她在电话那端哈哈大笑，回答我说："不，我只是在长大。"
她又补充一句："长大是人必经的溃烂。"

她约我去小广场见面。我赴约。

然后,我就看见她蹲在路边的长椅上,喝一罐当时还很贵的青岛啤酒。我走过去,她看见我,颓废地抬起手拽住我的衣襟。她的眼睛真的弥散着混浊,让我寻不见她原本的清澈。她的头发像一蓬干枯的草,面容苍白,这是夜生活的见证。她已经很久没来上学了,所以早就褪去了那点学生气息。她的成熟是那么的野蛮。一瞬间,我竟然害怕起成长,它会让一个人面目全非。

阿鸣告诉我,"天不黑"要搬进大城市了,她也要走了。

她攥紧我的手,说一定要拿走我的十年,说等到十年后,她红遍大江南北的时候,她就和我相爱。

可是阿鸣,我真想对你说,我已经心灰意冷了,你早就不是当初那个带我逃课带我听歌陪我去屋顶看云的你了,我再也不会像从前那样,傻傻地,爱你了。

我愣在原地,好久才开口。

"你为了所谓的梦想这样做,你让我很伤心。"我知道我有多残忍。

她喝一口啤酒:"我要的只是最后的结果,而过程,大可忽略不计。"

我说:"我开始读不懂你的心。而且,就在刚才……"

我下了很大的决心,然后继续说:"就在刚才,我发现我讨厌你。"

我说完,转身准备离开,我知道我有多任性。但我相信这任性是对的。

但是突然，阿鸣从背后环抱住我，她的拥抱让我感觉无比生硬和冰凉。她把头伸过来，下巴靠在我的肩上。

她的眼神忽然间泄露出一种孩子气，似乎剥蚀了虚假，又褪去了伪装。她的双手捧着我的脸颊，像一个小姑娘那样，用软软的语气央求我。

她的眼睛蒙眬。"墨染，你可以讨厌我，但是要爱我。"

恍惚中我就泪如雨下。

一瞬间，我们都抛弃了罪恶，都变得温柔。

而现在，十年后。二十六岁的阿鸣又一次楚楚动人地坐在我的对面，她轻抚我的额头，"喂……你已经有十分钟没有说话了。"

"哦，抱歉。"我冒出一滴汗，"刚才回忆太多。"

她老练地笑一笑，发出一种湮于世事风尘而又竭力制造清纯的嗔怪声："你怎么可以这样对待女士？"

我不想回答。

她好像是猜了一会儿，然后又神秘地，把头靠过来对我说："你是不是在想，现在要怎样追我……哈哈，当年你可是没有得逞啊！"

我厌恶地往回避了一下。我想她已经忘记了当初的话。

那个时候，在酒精和香烟的作用下，她的面容备受摧残，可我还是爱她。她孩子气地说："墨染，你可以讨厌我，但是要爱我。"

我为这孩子气，狠狠地哭了一回。

而现在……

她又说："当时……你真是幼稚啊……不过现在嘛……呵呵，还挺男人的。"

我觉得难受。

她自顾自地说:"也是,这么多年过去了,你还是单身啊?姐姐我可是男朋友一大堆啊……看在你还爱我的分儿上,我帮你介绍……"

"那个……"我终于忍不住了,"我还有事,要先走。"

她瞬间装出一副失望的表情:"是吗……"

我又点点头。准备赶快逃离。

我转过身,松一口气。想了想,决定再也不见她了。

她站起来要向我道别,我按住她,跟她说了很久以前就想要给她说的话。

那些与青春有关的日子,用迷惘和天真堆起的大雾,或是写在落叶上的深情的诗,都随着她额前那苍老又丑陋的沟壑,她眼角那招摇的疏狂和妩媚,而渐渐地,散了。

从此之后,世界不会再有我一直依恋着的那个梦想。

我很庆幸我说完后眼泪没有决堤,给她的记忆留下了一个比较坚实的面庞。一如多年前她远走时留给我的背影那样。

我说:"阿鸣,我们不会有以后,因为我不爱你了。你的世界就让你拥有,不打扰是我的温柔。"

爱姑
文/姜睁峥

　　爱姑时常想起她小时候的事情——的确是很小的时候了，大约是五岁之前的事情。那时她住在乡下，是爷爷还在世的时候。她是记得的，土砖墙圈起的二层小楼，院子里散养着鸡，压井旁两步就是猪圈，喂着一口精瘦的老母猪，不知怎么的，这猪总也不见长膘。

　　爱姑说起这些的时候，眼睛愣愣地斜向左侧，嘴角若有若无地向上勾着，仿佛自己又变回了那个未经人事的小小的一团，坐在高高的门槛上，抱着一碗稀饭，一边往自己嘴里扒一边把碗里的红薯块拣出来扔给那只有些脱毛了的大黄狗。

　　她是家里孙辈中的第一个孩子，因此格外地受宠。虽然只是个女孩子，但长辈们的疼爱让爱姑脸上的笑意更浓了些。

　　一阵猛烈地干咳生生掐断了爱姑的回忆，她蓦地止住脸上不断蔓延的笑，又换上了那一副惯常的哀怨的神色，她重重地瞅了一眼躺在病床上的父亲，敷衍地用沾了水的棉球替这个已经干瘦的男人擦拭干涸的嘴唇。男人半张着嘴想要说些什么，然而爱姑并不理会这些，自顾自地在床位左侧的一张小椅子上坐下。父亲的床位是靠窗的，因此她恰好能望

见头顶上的一小片青灰色的天空。

爱姑半仰着一张黄烘烘的脸，暗红的嘴唇微微地撅着，仿佛是为父亲刚打断她的思绪而恼着。其实也没什么值得继续想下去的了，她五岁的时候婶婶给家里添了一个男孩，渐渐的也就没人把她当回事儿看，她觉着安乐的日子，也仅有那五年而已。

父亲住的是大病房，一间房间里头并排摆着五张窄的病床，床单总是灰扑扑的，再洗也是那样。他们已经在这里待了一个月了，父亲得的是脑子上的病，医生说是饮酒过多的缘故。

那是一个月前的一个中午，天气还正热着，父亲干活的那个工地给了他半天的假，于是这个男人又摸出他最熟悉的那个玻璃瓶子到工地旁边的杂货铺里打了八两散装的白酒，劣质酒精的辛辣总是很容易就让他兴奋起来，他边往嘴巴里灌着这熟悉的液体边晃晃悠悠地朝家里走去，这时爱姑妈刚刚在屋角的炉子里生起煤火，爱姑蹲坐在家门口清洗着一把小白菜。当锅子里爆出花椒的香味时，男人已经坐在房间里了，他晃悠着瓶子里快要见底的白酒，冲爱姑妈呵呵地傻笑着，他只要一喝上酒就是这副德行，爱姑妈没好气地横了男人一眼。她觉得有点不对劲儿，往日里自己男人喝多了酒总是脸红，从耳朵根一路红到胸脯子上，但今天不知怎么的脸色竟有些发青。

还不容她细想，她男人已经倒在水泥地板上了。

医院里的清洁工拖着笨重的拖把来回走动着，医院总是这么一股子味道，这么一股子让人不愉快的淡淡的腥味。爱姑和母亲一起并排坐在抢救室外面的长椅子上，硬的塑料隔着一层薄衣服料子冰凉地贴在身上，倒是让人忍不住的悲观起来。爱姑妈正絮絮叨叨给在外地打工的妹妹打电话，抽抽噎噎的，一句完整的话断上好几节。想必是妹妹听得也不耐烦，匆匆几句就把母亲给打发了，只说会寄钱回来。这也就够了，爱姑妈想要的也不过是这些了。

爱姑再见到父亲的时候，他就已经躺在这张床上了，身上插着各种管子，半张着一双眼睛，眼角糊了一层分泌物。爱姑拿湿毛巾替父亲擦了擦脸，那厢母亲正听着医生的各种叮嘱，嘴里连连地说是。怕是这一段都要待在这里了。爱姑暗暗地想，这恼人的稀薄的腥味。

母亲手里提着两只塑料袋子在爱姑身边坐了下来，袋子里装的是蒸面条和几只白菜包子。爱姑接在手里，直接就着这塑料袋吃了起来。那面条蒸得并不太好，水分太多，吃在嘴里黏糊糊的。然而也只能这么吃下去，不然还能有什么办法呢？

临床的那个女人昨天下午出院了，这会子又搬来一个新病人，仍还是个女人，陪伴她的是她的丈夫和兄弟。这两个男人拘谨地向这些"邻居"们问好。同在一个病房里的人总是过不了多久就能聊得开的。不过爱姑知道，是没人愿意同她多讲一些话的。她的脸上总是带着股子怨仇的神色，爱姑知道，肯定是为着这个。平日里相互见面也只是礼节性地寒暄两句，再多讲下去总觉得自己是欠了她什么似的，那股子怨恨不得逼到自己身上来。没人愿意给自己找那个不自在。

爱姑私下里想想也觉得悲哀，自己不过二十岁刚出头，就已经染上这些老女人的习性了，她唯有想着她五岁前得意的那些个日子时神色才微微带着活泼，她自己也知道这一点，因此越发努力地思想起来。然而小孩子又能记得多少事情呢，翻来覆去统共也不过是那老掉牙的几件，爱姑因此在这些事情中增加了不少杜撰的成分自己却不自知，到最后，在爱姑的记忆里，自己曾经竟过的是旧时大户人家小姐的生活了，也不知她小小年纪是如何吃得动这么多油腻甜厚的点心的，反正爱姑一心一意地相信这并不怎么真实的事实，因而对着眼前的这一切无形中又添了一份不满。

父亲出院已经快一年了，自打这次病后，父亲再也干不动什么重活，家里的生活拮据起来，爱姑也曾试着找些工作，她并没有念过什么书，最后只找到一个替牛奶厂送牛奶的工作。薪水并不高，一个月五百块钱，每天还得起个大早，可爱姑却是真心实意地喜欢上这份活计。每天早上天

刚亮的时候，爱姑就在牛奶厂门口等着，穿上厂里统一发放的绿色的制服——其实就是一件有点像围裙的绿色围兜，爱姑喜欢这淡淡的绿色，看上去就觉得清爽。同是绿色的小三轮车上挤挤挨挨的装着大肚的牛奶瓶子，橡皮塞塞得紧紧的，在还没有多少人的街道上把车蹬得飞快，一瓶瓶的牛奶放在订户特制的小箱子里，大串的钥匙别在腰里叮啷叮啷响，爱姑感觉快活极了，因而那几个月，爱姑的脸上总是生动的。

能让人感觉快乐的时光总是少的，牛奶厂在爱姑工作的第五个月倒闭了，听说是老板不知道为什么卷了钱跑掉了。那天爱姑像往常一样准时来到厂子里，牛栏里的母牛还在嚼着草料，温顺的眼睛时不时抬起来望一眼激动的人们，他们正围着一个大约是什么负责人的家伙大声嚷嚷着。爱姑呆呆地站在那里看了一会儿，接着把手里的围兜扔在地上，恨恨地咒骂了一句。那充满怨气的神情就这么再次回到她的脸上，爱姑那天回到家里沉默了一个上午就再也没提这档子事了，也再没找工作。

现在打工的妹妹也回来了，在一家电子厂当女工，闲时也搭把手照顾一下父亲，偶尔姐妹俩有闲钱的时候就跑到西街的炒货摊买便宜的山楂球吃。山楂上撒了很多糖霜，然而到底掩不住食物本身的酸味，每次爱姑都要含在嘴巴里好久才咽下去。

父亲的病拖了三年终于还是拖不住了。有一天中午吃饭的时候父亲突然兴致很高，一定央母亲寻出来以前用过的小酒杯，然后在里面倒上橘子汁，执意要教母亲划拳。父亲自生病以后，很少有这么开怀的时候了。当天中午有一道菜是鲫鱼汤，父亲连着喝了好几碗，还不停地夸母亲的厨艺是越来越好了。饭后，父亲说他累了，想要去躺一躺，于是这么一躺就躺到了晚饭前，爱姑去叫父亲吃饭时才发现，父亲是再也吃不动这一顿晚饭了。

妹妹和母亲拼命地摇撼着父亲僵硬的身体，不停地喊着，仿佛这样睡着的那个人就能再醒过来似的。两个人的嗓子渐渐地嘶哑，最后搂抱在一起哭成一团，爱姑倚在家门口，夏日夜晚的风很凉爽，吹得她的

T恤鼓鼓的,爱姑还记得,这件衣服是父亲出院的前一天在批发市场买的。已经穿了三年了,衣服早已被洗的没了型,衣服上那只小狗也褪了色。爱姑两只手紧紧绞着松垮的衣角,哭了。

葬礼在老家办的,一群群认识不认识的亲戚到灵堂哭上一阵儿又走了,唢呐的声音拉拉杂杂的,听久了让人心生厌烦。爱姑头上缠着长长的白布条子守着父亲的灵位,心里只觉得烦躁,然而还得一面劝着那些个跪在地上哭得起不来的亲戚们,虽然爱姑看着他们中的大多数都还面生。

葬礼结束后,这些人们又围坐在一起吃这白喜宴,母亲的脸上看不出一点方才的悲戚之色,满面红光地招呼着厨子赶紧上点心。爱姑拿了一个糖三角放进嘴里,真甜,比山楂球要甜多了。

这顿饭不知道要吃到什么时候才散。爱姑一面吮着糖稀一面想。男人们开始拿着酒杯在各个桌上乱窜着和别人比试酒量,她突然意识到自己今年该是二十五了,老大不小。或许自己应该托妹妹在厂子里为她寻个合适的人了,这样日子或许会好过一些。自己现在正在替别人织毛衣,一件能拿到加工费十五元,倘若自己的手再勤快些,过个三五年便能存下一小笔钱,到时候便能带家人去看看外面的风景,母亲这辈子还没有出过远门呢。

爱姑打定了主意,微微地笑了。今天的鸡肉味道不错,一定得多吃几块。

饭桌上爱姑多吃了几杯酒,因此很快地便瞌睡了,妹妹扶她到里屋的床上休息,爱姑很快地入睡。她做了梦,那还是她五岁的时候,那天晚上不知为什么父母都没有在家里,爱姑一个人睡在大木板床上,醒来的时候天还没有亮,清凉的风从她身上刮过。爱姑看见天上的月亮,那么圆,就那么好看地挂在那里。然后天亮了,月亮的颜色慢慢淡去,最后只剩下薄薄的一小片。

爱姑睁着眼睛坐在那清晨的雾气里,这是她第一次感受到人生的凄凉。

左半边翅膀

菠萝树,柠檬树,椰子树
空气暖热
在北京不需要春天的外套
每一年都如此
春天正在盛大进行
或者,即将过去

河滩边的砖窑厂

文/王钟的

一

东湖很大，说来也是本地最大的天然淡水湖，但是形状却很不规则，说是六边形吧，六条边好像都被老鼠啃掉一块，说是橄榄型吧，东湖的苗条似乎偏偏在橄榄本是丰腴的腰上。有灵性的孩子一瞧，倒是点破她的真谛：这不是个扭着腰肢的仙女嘛！东湖四面，都被起起伏伏的群山环绕，高高低低的山丘把爱哭的湖水锁在闺房里，只在东北角开了一个小门。东湖东北，一湾浅浅的河滩，滩边稀稀疏疏地长着水草。说是水草，倒也名不副实，春夏之交的梅雨季节，东湖水涨才淹没了近水的草儿，要在冬天，你会遗憾岸边黑黑的泥土。只在秋末冬初，才发现往日"水草"披上西风的手织外套，自顾自嚎叫个没完没了。三九寒天，大雪压到荒黄的草枝上，泥土更黑了。如果没有人声，准给黑黑白白的世界吓一大跳。

情人眼里出西施，喜欢自有喜欢处，还真别说湖滩的黑泥没有用，那泥也被叫做河泥，该是烧砖的好材料。草上人家没多少，河滩光秃秃

的扇面上,只立着砖窑厂高高的烟囱,是画家不经意的泼墨吧,谈不上跌宕起伏,不过说来也算小村庄的标志性建筑。

烟囱究竟多高,阿斌怎么也算不出来,也难为他原本数学不好。不过阿斌知道,夏天五点后的夕阳,斜射过来,烟囱长长的影子化作金红色东湖的标点符号。那叹号尾巴上一点,留给了他家的小房子来完成,影子延伸到家门口,却在几丈远的地方止步不前——没等影子再长高,天就彻底黑下去了。

阿斌放学就朝滩上跑。白鸟栖息的地方,阿斌摸鱼摸过,扑蜻蜓扑过,在地上打滚都打过,还弄脏过长安的白裙子——谁叫她也不好好读书跟阿斌瞎跑?

砖厂就是长安家开的,玩腻了,阿斌跑到砖厂里,看师傅们做砖。他亲眼看着黑泥被机器从河滩底下吊起来,水草香和河泥香混到一块儿,大块大块堆到湖边,小山那么高。阿斌跟师傅把湿湿的河泥引到模子里,压实了,拿出来晾到晒场上。长安有时也来,虽然不喜欢到她家的厂子去,还是拧不过阿斌被拉来。她拎起裙子站在阿斌后面,脸圆圆的,眼睛大大的,忽闪忽闪着眸子,还不时望望烟囱下面的砖窑子,阿爹在那里指导工人烧砖。

长安来时,湖南师傅就不爱跟阿斌讲话,干不完的活儿制不完的砖坯。一窑砖有多少,几千或是上万?都得赶在上批烧完前做好,厂长千金来了,没准儿要回去汇报做工的还偷懒,哪有工夫说闲话?只有阿斌一个人来玩时,师傅也快快收工了,带阿斌玩玩,聊一会儿天,看西天的云霞吞吞吐吐地张开翅膀,看湖水羞羞涩涩地收起涟漪又张开张开了又要休息,看烟囱一会儿生气一会儿戒烟,准是看管炉子的小李又打瞌睡了。

师傅问:"斌子又来玩儿?"按照他家乡的习惯,与江浙人不同,叫阿斌斌子。

阿斌也不答理他,自顾自地用脚拨弄水草,草长着呢,刺到膝盖上，愣生生的又痒又酸还微微地带点儿凉。盛夏年华，阿斌干脆一屁股坐到草地上，却马上跳将起来，地可是被一天毒太阳晒得火烫火烫的呀！

"长安姑娘没来啊，来了就好看到我又偷懒喽。"

"谁来看你做不做工啊，叫人家来还不肯来呢！"阿斌微微有些恼，他知道长安给老师留下补习功课了。老师说过，长安该到城里去念书，不像阿斌，"读不好书找所技校学门手艺就好。"

"斌子看，又帮小姐说话。斌子啊，你看我做砖啊做了几十年，也没有混出什么大名堂，斌子想不想跟我学做砖啊？"师傅笑眯眯地开玩笑，手工做砖做了半辈子，早该用机器了又不肯学，老板看他懒，不过老实啊，所以还是留他做。

阿斌说："好啊！我不已经跟你学了？"

"哪里呦，看你做的砖又糙又脆，晒干了，手一掰就两半，拿来盖房子，风一来还不坍倒喽？"

"我去开机器啊，机器做的又光滑又密实，还怕比不过你！"阿斌笑嘻嘻地反诘。

"好呵，好呵，我是老啦等你用会机器了我就好退喽。"师傅摸摸自己有几根白胡子了，长也不长，其实看不到。"斌子替了我，每天用那机器啊做更多的砖，老板看你能干，就把小姐许给你嘞！"师傅真像老顽童一个，找块扁平的石头奋力掷向水域，打了好远好远的水漂，还开阿斌玩笑。

阿斌这回生气了，脸一黑一红的，使劲推师傅一记，师傅没站稳摇晃了一下差点儿就倒了。等他回过神来，阿斌忽悠忽悠早跑出堆砖晒场了。

"这小孩，嗨，哪会晓得一点儿道理呀！"师傅摇摇头想，低下头来，咦，砖模没了，"喂，喂，你给我站住！"师傅想追，阿斌的影子又在哪儿呢？

阿斌回家，就看到长安给他留的字条，费了好大劲儿才念出："明天放学请别回家直接到砖厂窑边等我有件事告诉你。长安"

二

锦瑟年华，恍然已逝。十年以后，阿斌早就学会制砖手艺。机器把河泥从滩底捞上来，传送带直接输送到砖模机上，一压一块成型。阿斌只要在旁边看着，看着碎土飞扬。午后的太阳懒洋洋地趴在阿斌的背上，空气里弥漫着舒服的水草香，除了让人感到过于清馨自然外真没什么可抱怨的。

烟囱老高老高，砖窑里按顺序堆放着已被烧得通红通红的砖，火星呼呼冒出来，砖头逐渐成熟的声音嗡嗡然。暮春三月，江南草长，声音无处不在，侧耳聆听，湖水随着春草慢溯到河泥里，渗入它的肌肤，更渗入了一条一条经脉。数千度的高温炙烤过，砖头好像还是水灵灵的，像东湖深闺里的茶香泡了几度愈益清明。

那首民谣是这么唱的：

一月嗑瓜子；二月放鹞子；三月上坟坐轿子；四月种田下秧子；五月端午吃粽子；六月乘凉扇扇子；七月老三拿银子；八月月饼嵌馅子；九月吊红夹柿子；十月秋风落叶子；十一月落雪子；十二月冻死凉亭叫化子。

阿斌上学时做鹞子比剪手工厉害，剪手工又比做作业厉害，阿斌小时候放出的鹞子比砖厂的烟囱高得多，"烟囱算什么，我放的风筝比烟都飞得高。"阿斌自夸的时候，凌乱的头发晃悠晃悠，和刚生出的水草没两样。鹞子只有在低空才不安分，像小孩子不识字时才不听话，上学堂念了书知书达理自该识相，所谓腹有诗书气自华；鹞子飞高了就是被顺服的小野兽，那要高过了烟囱才行。阿斌不玩了，把线头交给长安，阿斌在旁边不看鹞子看长安的辫子，三月水草悠悠呵，长安的辫子比水草还长。

长安？阿斌关掉机器，阳光和空气的舞蹈一下子停了下来，车间里静悄悄的，听不到什么响声，耳朵里却嗡嗡响。阿斌顾不得擦去脸上的泥水，傻乎乎地冲出去。河滩平平的，高高的河泥堆在厂房边角，白鸟飞过的地方，阿斌的眼睛怎么也够不着。东湖好大，湖的那头是山，山外面是什么？长安到哪儿去了？

长安，长——安——长——安——

阿斌"砰"地倒在地上，昏死过去……好久好久，第二天早上的阳光才眯进他的眼珠子。阿斌猛一睁眼，灰白色的墙，灰白色的天花板，一梦经历十年，十年生死茫茫，阿斌又睡了个大懒觉。

三

阿斌上学常迟到，倒不是因为总睡懒觉，只怪他到学校走三步停会儿摆弄路边野花，给大樟树留一点自己的符号，还喜欢用小石头砸行道树上唧唧喳喳乱叫的小鸟，也不管自己是不是砸得到。

"今天我们继续讲柳永《雨霖铃》，下阕，多情自古伤离别，更那堪，冷落清秋节。'那'读'哪'。今宵酒醒何处，杨柳岸……"

阿斌脸贴在教室门口偷听一分钟就知大势不妙，今天特别晚喽。没法子，待在门口给校长看见了更是麻烦，硬着头皮推门进去吧，且喊声"报告"。

老师也早看惯阿斌，都懒得理他，点点头放他进来。接着用她夹杂本地土话的嗓音讲解："侬听好了！此去经年，去，离开，应是良辰好景虚设……"

阿斌心神未定，紧紧张张地翻课桌里的课本，零零碎碎的小东西倒是不少，语文书呢？哎，不是昨天被长安借走了，她成绩那么好，要我的书做甚，又没做过什么笔记。一边想，阿斌装没事先随意抽出本书挡着，想暗度陈仓偷梁换柱一下，把目光转向长安的座位。呀！她人呢，来得比我还晚，不会吧……

左半边翅膀

"阿斌！迟到了还东张西望，起来，问侬，我刚才讲'便纵有千种风情'，'纵'字当作何解释？"老师愠气发到阿斌额头上，额头上光乎乎的却怎生得热。要在平时，不是长安别的同学也会在底下轻声提醒，今个儿老师严肃了，下面鸦雀无声，长安到哪儿去了？阿斌心里乱乱的，夏天一清早就热，何况到了七八点钟，电扇开足马力转，阿斌还像下到油锅里的半死螃蟹，挣扎不动了，沉默一会儿还不好意思说"不知道"。

今个儿老师好像特认真，既然"不知道"，对阿斌这种升学多困难的学生满可以说先坐下不理他。然而老师现在径直从讲台上走下来，到阿斌面前，"笔记做过吗？刚讲的就忘？"顺手把阿斌放在桌上装蒜的课本提起——"Junior English"。老师再近视也看得出歪歪扭扭的蝌蚪字母，不会当中国字，虽然她看不懂尤其"Junior"的意思。"英语书，好啊，英语学得不错。语文书呢？找不到了，最基本的任务都完不成，你下课来一趟！"斌子耷拉着耳朵说不出话来，七零八落的感觉，好像河滩上高高的烟囱倒塌了，一块块砖头压上来使人窒息，有点疼更多的是莫名的沉闷。

这天阿斌从头到尾像是乱了分寸，被老师责了一顿回来什么也没顺利过。体育课跳高阿斌老把杆子打到地上，倒不是因为跳不过，往常得个满分是没什么问题的。中午在食堂买完菜出来，阿斌心不在焉地在走向自己座位途中把一个陌生同学的饭碗打到地上，哐啷哐啷铁碗在地上滚动的声响惊动了周围一大片人。阿斌也顾不得道歉，红着脸躲开。下午上课前走进了别班的教室，找不到自己的教室在哪里，回过神来，才发现找错了楼层……阿斌心里像打死结的鞋带，解来解去解不开，甚至忘了鞋带该是怎么系的。

阿斌慢腾腾地走回家去，边走边想，连路边树上的鸟粪掉到他书包上了都浑然不觉，到底什么让自己心神不定？长安，长安哪里去了？阿斌没察觉村口就能看到的烟囱，摸回家，农村吃饭也晚，趴到床上满脑子心事。

他和长安并不是从小认识的，长安家的砖窑虽然一直都在，他家的女儿却是初中了才到这儿念书。阿斌当然不懂得这个缘故：长安本来就住在城里，近年来砖窑厂事务忙，父母担心管不到女儿，让她转了学在此读了二年初中。阿斌更不知道长安不喜欢她家的砖厂，不喜欢砖坯的泥土味儿，只因为她早习惯了城里房子干干净净的装饰，校园里整整齐齐的队伍做早操，街心公园里修建得体体面面的一花一草。阿斌把她当玩伴看，拉她去摸鱼，看星星，阿斌孩子气地把长安的新裙子弄脏。长安通情达理地对看到了赶来数落阿斌的伯母解释这不是挺好看的水墨画吗，白裙子多单调。大人们说，长安姑娘该考市里最好的高中，考到北京最好的大学。乡村人家朴实得让人感动，都有善良无邪的心，长安为何不为如此祝福感到幸福？

那天是长安收作业，老师看长安书读得多，让她做语文科代表。阿斌本来读语文就打不起精神，看着新来的女生做事一板一眼这么认真，心里就挺不服气，装模作样和老师上同一条船的不是自己人，故意拖欠着作业不做。

"同学，你的作业本哪儿去了？"长安果然走过来，她还没认识这个不起眼的同学，趁机瞥了眼桌面上阿斌的名字。

"我没做，不想交。"

"你不会做吗，还是来不及？我好和老师解释啊。"

这女生话这么多，阿斌下定决心和她划清界线："用你管，没做就是没做，你怕麻烦直接告诉老师得了。"

"你……"长安轻轻地哼了一声，但丝毫没有生气的意思，"来，把你的作业本拿来给我看看。"

阿斌忙欲阻止，长安眼尖早用一只灵巧的手抽出压在几本课本底下的语文作业本。阿斌手笨笨的，又不好与女孩子争夺，呆呆地站在旁边任凭长安翻阅自己的作业本。心想，这个女生这么奸诈啊，从前那个胖

= 左半边翅膀 =

乎乎的科代表多好说话,也不会打什么报告之类的。

"你看,不是才一课没做嘛!"长安看这个男孩子作业本前面写的字大大的不过很端正,可爱的字可惜做得不太好。长安嗔怪说:"不会做也可以问我嘛,在其位谋其职。哎,我不跟老师说啦,放学之前把它完成,好吗?"

当阿斌一双脏兮兮的手递上作业的时候,长安莞尔一笑,好似漫不经心地看过一遍:"不是比从前做得还好?你也没什么问题吧,做个朋友,OK?"

阿斌彻底给弄糊涂了,新来的女生原来这么大方,自己补交的作业还是问成绩好的哥们抄的。"嗯,好吧,我叫阿斌。"阿斌摆出男孩子的架势,把心里的惭愧往下咽。

"长安。"女生伸出手去,阿斌的心扑扑跳,轻轻捏了一下,从没这么快又这么容易地与女生打通交道。

四

他们就是这样认识的,阿斌不懂这该叫邂逅呢还是命中注定。"长安,就是要一生一世平平安安。"女孩把男孩脸上的汗泥用毛巾擦净,告诉他她对他的期望。傍晚时分,阿斌和长安常去滩边的水草地旁。阿斌从湖底捉来小鱼给长安玩,长安却被阿斌白衬衣上的一条泥带逗笑了……两个人一起的时光瞬息而逝,刹那两年过去,他们就该升学了。

阿斌想着想着不觉得天渐渐要黑了,砖厂大烟囱的影子渐渐暗淡下去。阿斌意识到自己还没吃饭,从床上爬起来。不巧,看到了昨天长安交给母亲的字条:"……等我有件事告诉你。"

呀!糟透了,阿斌穿好鞋冲出去,理也没理母亲招呼他吃饭:"唉,天快黑了还乱跑啊!"阿斌听不见了,一口气奔到东湖边上。

天,完全黑了,朦朦胧胧的月亮从湖底钻出来。水草跟着晚风呼呼呜咽,银色袈裟披到草身上,瑟瑟的。路过砖窑底下,里面烧得红通通的砖隐约可见，绛色的光把一块一块的砖逼得眨眼。白鹭回巢，成行成列地沿着烟囱排出烟气的方向飞行，翅膀击打空气的声音犹然可鉴，黑影徘徊，还真有点儿吓人。

　　阿斌顾不得这些了，长安说过不守时间的人最不可靠。他这次又差点儿把约定的事忘了。长安一整天没来上学，他正想问问她到底是怎么回事儿。这么晚了，长安还在吗？

　　湖滩全然空荡荡的，没有光彩，没有声音。阿斌低声呼唤着长安的名字："长安——长——安——"晚风把湖水吹上来，浸湿了脚下的泥土。泥泞沾到鞋底，有时鞋又陷进去了，费劲儿把一只脚从泥水里拔出来，另一只脚早就陷得更深。一脚高一脚低地在滩泥间摸索着，长安在哪里？阿斌步入了水草更长、更深的地方，抬眼看到了星星一闪一闪眨巴着，嘲笑不可依靠的男孩。阿斌瞪大眼睛，迷惘一片，"哇"一声就趴到地上了。

　　阿斌不明白他失去了与长安最后会面的机会，直到做砖坯的湖南师傅后来告诉他一切。

五

　　这天下午师傅顶着日头，戴了一顶草帽。自顾自哼着湘西小调压模子。夏天天热，水分蒸发快，挖上来的河泥没等到制成砖坯早就粉干粉干了，根本不可能压榨成型。师傅心烦，又没有其他办法，只好一次又一次起来到湖边提水，水提来浇到晒干的河泥上。

　　日薄西山，暑气渐消，师傅站起来打算去提最后一趟水，再压几百块就好收工喽。自己得意扬扬地走到滩边，才发现半凹半水的湿地上蹲着个女孩子，头发稀稀拉拉地散乱在微风中，把头埋在弯曲起来的手臂间，远远的也看不清楚到底是谁。

　　师傅放下两只水桶，径直走上去仔细一瞧，这不是老板的女儿吗？一个人跑到湖边来干什么，今天不是要去上课？

"长安姑娘?"按照他的习惯,总将她俗里俗气地称呼为"姑娘"。

长安轻轻地抬起头来,师傅可以清楚地看见女孩子脸上挂了几滴泪珠和已经风干的泪痕,她只是闪闪泪眼没答话。夕阳给她的发丝镀上了一层金黄。水草依依,远处湖心小洲上原本闹腾的白鹭也静止了,金灿灿的羽毛愈发清晰。连烟囱的傲然也在夏日午后收敛许多,金光让它看上去毛茸茸的,似乎同情地观望着这个在湖滩边独自哭泣的女孩,如果能够,烟囱宁愿充作庇护长安的骑士。

师傅干惯粗活,虽然对于老板家的孩子生不出多大好感,可因阿斌的缘故,一来一往也多少有了同情,他们真是挺要好的一对儿呢!于是这时候粗枝大叶的他也觉得哪儿不太对劲儿,一个女孩子一个人到湖边,像个受伤的小白鸽一样哭,那像什么话儿?

师傅又问了:"姑娘,今天怎么不用上学?"

长安只是点头"嗯"了一声。

"什么事啊,哟,哭得跟泪人似的,有事可以跟我们斌子说啊,一个人哭哭啼啼像什么话儿!"

长安一听"斌子",把头又埋下去更深了,还微微地摇晃着。

"是不是被斌子欺负了?那容易啊,我帮你去说。哎,好像天色也晚了,斌子没来过?"师傅暗想自己猜得没错,准是阿斌和长安有什么小事隔阂了,小孩子有小矛盾本就不是什么稀奇事。

长安还是不理他,一个劲儿地抽泣。师傅心慌了,想不到还会有什么大事让长安课也不上。走下湖滩把自己手上的泥污洗清,回过头来干脆把长安拉起来:"哟,裤子都湿了,脏兮兮的还不被你妈骂?跟我来吧,我们好好聊聊也成。"

长安浑身哆嗦着,犹豫了一下,颤颤悠悠地又"嗯"了一声,被师傅拉着到工场里坐下。师傅收拾好活计,找来几块烧好的成砖垒起当板凳坐下,耐心地问她怎么回事儿,慢慢的长安总算开口说话了。

长安家早就开办了湖畔砖厂,师傅还没来本村之前,长安家就是小乡村数一数二的有钱人家。当然因为只有一个女儿，难免要长安远离村土气息的穷乡僻壤，父母到城里买了房子，没时间照顾她，就把长安的外婆接到城里，外婆每天送长安上学接长安回家。建筑市场的兴旺使长安家经济条件不成任何问题，长安进本市最好的小学，有很好的老师指导她的学习，课余还像城里孩子一般学钢琴舞蹈。乡里人无不羡慕这家子，靠湖吃饭，烂泥里也能出金子，难道这不是因为上苍的眷顾？

长安刚上初中那年，外婆得绝症去世了。父母忙着经营乡下产业，无暇到城里照顾她，才把她接到乡下。他们的想法是，等再过两年赚够了钱，就把砖厂转让掉，全家搬到城里去住。长安下乡，本是无奈之中的权衡之策。

长安还没完全从失去外婆的阴影中走出来，又忙着要适应一个全新的环境。不同于城市的乡村，不同于名校的乡镇中学，城里学校老师流利的美式英语和乡下英语老师怪里怪气的腔调，还要学会如何同那些从小上山下湖和泥土打成一片的新同学打好关系。长安真担心自己受不了，好在有老师了解情况后的关注，好在自己从小养成的善解人意，更因为有了阿斌，蛮可爱的男孩子，带她了解乡村生活的精彩有趣。虽然不是从小在一起的青梅竹马，在这个年龄谁心里不会起波澜，慢慢地情窦初开的长安发现自己真喜欢上了这个淳朴的男孩子。

按照预定的计划，长安要考城里的重点高中，为此父母托关系让她在中考前先回到原来读了一年的初中复习复习，相信她能跟上城里学校的节奏进度。长安可以回到原先熟悉的环境了，那里有不少老同学和朋友。可是尽管从小就经历了不少家庭变故，比别家孩子体会了更多人世无常的她有些早熟，更明白自己要有个很好的前途，她心里还是舍不得阿斌，毕竟是自己碰上的第一个男孩。她下定决心没有提前把她要转回城里的消息告诉阿斌，只想在回家打理完学习生活用品的那天傍晚与阿斌做个告别。可是，千里烟波的东湖，你晓得粗心的阿斌会忘记这事？长安在滩边等了很久，失约的男孩终究没来。

师傅听完,叹了口气。安慰长安一下,活了大半辈子,这种事儿还听说得不多,还都算小孩子便罢了。天黑之前,师傅硬把长安送回了家。一宿无话,第二天长安坐家里的车,父母带她回到老的学校。念去去,长安就此从阿斌的世界消失了,那些美丽的梦,那些在滩边嬉戏的快乐时光,阿斌会不会因为没有了长安感到黯淡?多情自古伤离别,阿斌的懵懵懂懂倒避免了离别?他永远也想不到,湖滩边哭泣女孩的背影,多么凄凉,像冬天里迷乱荒老的水草叶子,被西风卷到半空中,无影无踪的悲哀。

六

砖厂烟囱被炸掉的那天下午,小乡村的大部分人都站在安全线外观看。没等长安家把整个厂子卖掉,一个惊天动地的消息就要改变小乡村人们的生活。不久前县长从外地带来了一帮陌生人,自称环境考察团,一伙人走在小村古朴的石板道上,对村庄里的居民房啊、祠堂啊、几座雕栏石桥啊指指点点一番。他们还走到滩边,看看砖厂,又拉住一个工人问了什么话。一伙人走后就有消息传出,东湖即将进行大规模的旅游景观改造,这个小乡村地理位置优越,建筑古朴典雅,民风淳朴,本身就是一个独特的人文景观。政府决定鼓励湖上人家都改行从事旅游业,多余的房子腾出来作农家旅社,闲下来的渔船开发成捕鱼活动项目。小桥、流水、人家都好,只是滩边的砖厂,特别是那么高的烟囱横看竖看与周边环境不协调,留着还严重污染环境,取河泥破坏了河滩自然生态。开发商出资赔偿长安家的损失,一声令下,定向爆破组进来了,安炸药,拉电缆,通知村民当日注意安全,请勿靠近……

阿斌挤在湖南师傅旁边,看远处烟囱上放置炸药的工作人员爬上爬下。师傅百感交集,眼皮不断翻动,使劲不让老泪流出,脸上的皱纹明显由于激动而加深了。他对众人指着烟囱下面的砖窑子说:"看哪,那里还有我前几天制好没来得及烧的砖啊,就这么要炸掉了!"

"做砖做了三十多年喽，想不到有一天真要歇手了。"

"看见车间旁边的一排房子了吗？那就是用我烧好的砖盖的。"

……几个警察出现了，示意群众往后靠。一个戴旧时眼镜的中年人手里拿着个高音喇叭，一边看手表，一边示意工作人员最后检查一下线路。时间到了，他举起喇叭报数："十、九……三、二、一，起爆！"

不知谁按动了控制电钮，突然有几秒钟出奇的宁静，人们都平静地等待着电流把能量带给炸药。对村里人来说，砖窑厂的烟囱倒掉了，预示着他们要开始新的生活，他们坦然接受世界带给自己的机遇和挑战。

那几秒好像有砖厂存在的时间那么长。终于，就在那么一瞬，看见高高的烟囱像被击溃的怪物一样，从头到脚四分五裂。直到尘埃逐渐漫起，人们才听到烟囱分解的轰鸣，它咆哮着，在半空中徘徊了一会儿，似乎举步维艰。然后，组成烟囱的砖头像失散的积木一排排按顺序坠到地下，颓然的肢体堆积，仅仅个别不安分的才飞到离安全线不远的地方，村民有些惶恐地朝后退。

待尘埃落定许久，废墟边出现了两个人，一老一小，小的挽着老的。白鸟飘飘，绿水滔滔，两个人漠漠望着天边的云霓，湖对岸隐隐约约的群山。水光接天，湖中小洲没人影，水草，由远及近，由金黄变赤红变墨绿变黛青。黑色的河泥露出身体，坑洼处是取泥制砖的痕迹，倒像夕阳匍在滩边的笑靥。

"斌子，烟囱倒了，你还想制砖吗？"师傅看呆了，突然想起似的。

"想！我还要去学机器，机器做得比你快！"阿斌近乎撒娇。

"好呵，机器好呵，比我快……"师傅笑了，像晚风中随着张扬的水草，露出看似古老的笑容。

盛夏去看雪
文/李昕

在我即将下笔的时候，手中的纸张被莫名撕裂，应该不是我的过错，或许是它太脆弱，但我留意到，那不经意间缔造的痕迹，参差，绝美。

不知从什么时候起，我开始注意观察某一个男人，是出现在我眼球里频率最高的男人。他总是喜欢让头发很自然地在风中飘荡，甚至不去理睬那遮住眼睛的刘海儿，我也喜欢那股自然，从不用啫喱或发胶。

男人个子不算高，总穿着双厚实的篮球鞋，深色的LV牛仔裤还有黑色的JACKJONES上衣，他喜欢把手插在口袋里，耳朵里会填满音乐，嘴里嚼着口香糖。站在偏离站台不远的地方，等公车驶来时他才混入嘈杂纷乱的人群，不紧不慢。

在这之前他一定会吐出嘴里的口香糖用纸包好，扔进旁边的垃圾桶里。他是个很讲究的男人，也或许他不喜欢将车内污浊的空气和口香糖混嚼在一起。

我被他深深吸引着，每一个动作，无法自拔。

其实我并不是个女人，那个男人长得也不是特别帅，我之所以这么留意他原因只有一个，我就是那个男人。这也是我在长久的观察后才有勇气得出的结论，因为我一直都以为自己是"她"。

或许我可以尝试去做一个女人，穿着高跟儿鞋拎着小巧的手提袋，涂着很深的眼影或是诱人的唇彩，身体飘过周围的空气都会残留沁人的香。很容易的过程，可以让你变成一个女人。

在夜晚寂寞的时候，我做得出来，真正去尝试过一个女人的生活。过她们的生活。

杭州，遇见SNOW

SNOW是个女孩，一个偶尔会化一下妆的女孩。

我之所以会把自己误认为是SNOW，那是因为，她那勇敢展现出来的都是我骨子里最想做的。最想做而不敢做的。

所以我不断假想，假想已成为她。

穿肥大的土黄色筒裤，运动鞋，一身街舞女郎的打扮，不爱听舒缓的音乐，而是摇滚或爵士，从不喝啤酒，只喝马提尼或白兰地，不抽女士烟只钟爱三五，不懂什么叫妩媚，把惯用的稍带蔑视的眼光作为自己的招牌表情。

很多人会认为她是个疯狂的女人。而我不那么想，我想她应该是个寂寞的女人。或许她也是个冰冷的女人，像那个即使夏季也保持着零下5摄氏度的冰箱。

她只是在用男人所喜欢的一切来陪伴自己，唯一的理由，替代男人。

西湖边的南山路，Streaks Of Sunshine。

我们在这间酒吧认识，或许只能算作相遇。她坐在最靠角落的位置，一个人，我看不清她的脸。黑暗。

只是目不转睛地盯着那模糊的方向，偶尔会看到那闪烁的烟头。我

可以想象从她嘴里吞吐出的烟雾,瞬间弥漫,铺开在她白皙的脸庞,刹那包裹住她整个头颅。

我胡乱想象她抽烟时的模样,应该比成熟的北京女人和时髦的上海女人还要精致,那精致的模样只能想象。我还想那张会咀嚼烟雾的嘴里是否也会有迷人的芬芳。

吧里放着低沉的音乐,就如地板上突然窜出的一条裂缝,像蛇一样游走在每个人的脚下,断裂破碎的刺耳声震颤着鼓膜。

我并不知道她为什么这么喜欢这间酒吧。或许是因为喜欢这个名字,和我一样。

阳光的裂痕。

其实我一直都没有和她说过话,SNOW也只是我给她起的一个名字,我喜欢这样叫她。总感觉她就像漫天飞舞的雪花一样孤零冷漠,却很自由。

杭州很久没有下雪了吧,这座懒散的城市有着它自己的懒散生活方式,而精致的雪花是不会轻易光临的。

我想她一定是受到过感情的挫折,我也想和她一样整天泡在幽静的南山路,看着窗外迷人的风景听着沁人的音乐,用酒精香烟来支撑着度过一个个清晨午后黄昏黑夜。

而我不能。

我没有和她一样的胆量,我不敢去释放自己,没法像她一样,而且那也不是我所能适应的生活。我注定要漂泊。

在我快要离开杭州时我又去了那间酒吧,她仍然坐在那个角落,吞吐烟圈,这次她化了妆,紫色的嘴唇很深的眼影。

她很漂亮,像个妖精。

我会很满足地离开这个城市，因为我终于看清了她的模样。在我离开前一天我又去了南山路，可没有遇到她。

这是我第一次找不到她，我等了很久无奈离开，在列车上我一直在想她去了哪里。

或许她已经完全改变不再去那个地方，最后一次见面时那浓烈的妆就是最好的证明。

或许当时她正和某个男人在阴暗的房间里做爱，而那天精心的打扮也是最好的解释。

她也是需要男人的，我想。

我看着窗外飞驰的风景，它们一个个像雪一样在转瞬间消失，还没来得及看清全部容貌，便已经过渡到了盛夏。

此时正是盛夏，SNOW从此消失不见，她还真是像极了雪花，永远不会在盛夏出现。

于是我开始找寻，找寻一个即使是盛夏季节也会飘雪的地方。

上海，不见的ELLA

深秋。上海的衡山路，两旁生长着高大的梧桐，不时会有一两片枯叶随风飘落。

偶尔我也会捡起一片夹在书里，我曾保存过火红玫瑰的花瓣，也是夹在书里。只是没想到第二年竟全部发霉，而这些树叶则不必担心，它们在飘落前早已被掠过枝头的风榨干水分，就像人被活生生剥去了灵魂，不是残忍而是对它的恩惠。

每天的我都会从中山公园那儿乘坐地铁，当我在这座高层建筑最云集的城市下穿行时，我会想到在我的头顶上会有一千五百多万双脚在行走，我能感到头皮和大地一起震颤。

每次从阴暗的地铁站里出来都有一种无比踏实的感觉。我不信赖于任何一种交通工具,还是自己的双脚踩在地面上比较踏实。

是的,我惧怕死亡,虽然对现实的生活不甚热爱但我想活下去。

偶尔会去一下龙之梦,在不加班的情况下,也就是那仅有的偶尔让我遇见了她,我叫她ELLA。

她工作于龙之梦七层的一家意式餐厅,服务生。

自从我见到她后偶尔变成了经常,而每次静静地坐在那里观察她也成了我的一种习惯。

明媚的肤色,沁人的长发,清澈的眼神。

因为她的缘故,我成了那家店里的常客,我总会选择靠窗户的位置,因为我发现她比较喜欢招呼靠窗的客人。

淡蓝色的工作服,紧身的牛仔裤,白色网球鞋。

她的清纯令收银台上妖冶的女人黯然失色。

她的微笑是我所见过的最完美动人笑容,那脸部莞尔的变化,嘴角轻微上扬,诱人的嘴唇充满光泽。香草布丁奶油蘑菇汤都比不上吮吸她那嘴唇般甜美,当然这一切也都只是想象。

我多次都想和她搭讪几句,但始终没有勇气,就如我在南山路的酒吧错过SNOW,虽然她不像SNOW一般冰冷,但我依然只是远远地望着。

她是个天使。

只要能远远望着就已经足够。

她是杯咖啡。

沉淀了自己的美,只为别人留下香。

我不知道自己对于她究竟是一种怎样的情感,或许是爱,其实我是一个很容易就爱上别人的男人,这样的男人不容易被爱。在我眼里,女人就和衣服没什么区别,我没有整天换衣服的癖好,但在每次出门前,我也会为自己挑选一身合适的外套。

有时候我会傻傻地在餐厅里一直待到打烊,然后悄悄跟在她后面,她也是在中山公园乘坐地铁,站在我曾经站过的位置,三号线。

那天我也是一声不吭地跟着她,看她走出地铁站,我站在那里,看她逐渐被这夜笼罩的城市融化。

就在我回头准备离开时,我有一种感觉,她在回头看我,于是我转过身,发现她就在不远处,真的在朝我笑。突然射来一道光,在她身体右侧炸开了花,她像一只蝴蝶般飘荡在空中,又落下。

地面上有雪莲花盛开的痕迹,那束光在闪了一下后彻底消失了。

我跑回到出租房里大口喘着粗气,她出车祸了。她死了,大概。

也许我可以救她的,突然之间又感到特别后悔。我不是一直都暗恋着她吗,为什么在最危急的时刻我选择了逃离?我不知道。也许是我骨子里的懦弱,也许是我对她的感情根本就是一场泡影。

从那以后我知道,原来站在地面上也是不安全的。

为了逃避我决定离开这座城市,继续漂泊。

在我作出这个决定时上海下了场大雪,当地人说,已经很多年没有见到雪了。

不知道她喜不喜欢雪,我想。

而喜欢又能怎样,所有的一切都已经看不到了,但我会保存着那一份冬日的雪花一直到盛夏,或许明年开春会结出一朵花。

花开不败,永不凋零。

北京,不会再有的SUMMER

从机场出来的那一刻我如释重负,我又逃过了一场劫难。

我找到一家广告公司，做企划宣传，虽然很累但薪水还好。

在大钟寺那儿找了房子，稍微整理了一下就住了进去，不是很大但毕竟有了家。

我越发感觉自己像个女人，一个宿命感很强的女人不适合漂泊。

那一天清晨，外面很冷的样子，因为刚下过雪。

冬季北京的雪天，已经普遍到令人恶心的地步，而我则喜欢下雪的冬季，喜欢走在落满雪花的草地。

正想着，我准备出门，传来敲门的声音。我问了一声，是欲言又止的女声。

打开门一个二十岁左右的女孩，我的第一感觉是她像ELLA。

只是她比ELLA要更加小巧可爱，上身是一件乳白色的外衣，里面一件低领的厚衬衫，可以看见修长白皙的脖颈，两只手缩在毛衣袖子里只有手指扒在外面，底下是没膝的喇叭裙，浓咖啡的颜色，低矮的布靴上褐红相接的花格，很淑女的装扮，我认为。

她朝屋里看了几眼，愣了一会儿问我，你认识我吗？

我倒希望认识你，我说。

我记得应该是这里的。焦急。

她四处张望像是在寻找她所熟悉的参照物。我迷路了，她说，突然间就找不到家了。

我感到好笑。

"你家是在北京吗？"

"是的，应该。"

"你在上学吗？哪所学校，中学或是大学？"

她摇了摇头，说，记不清了。

我感到荒唐。

突然想到一部韩国电影，《我脑海里的橡皮擦》，里面的女主人公在每天清晨起来都会忘记躺在身边的老公究竟是谁,她也会突然迷路忘记公司和家。

这个女孩有失忆症,间歇性失忆症。老早以前的事会记得清楚,越是最近发生的事就越容易忘记。

她出神地盯着窗外,此时又下起了大雪。我把空调的暖风开到最大,泡了一壶咖啡,拿了几本杂志给她。然后准备报警。

可刚拿起电话就又挂上,这种情况就算交给警察也不会有太大进展吧,如果传出去会不会对她的将来产生不利影响。我想得还真周到,我自嘲地笑笑。

况且她好像一直在等待谁来接她,或许真的会有人来吧。我打开电视在北京的几个频道来回转换,希望可以看到刊登的寻人启事。

她不爱说话只是望着窗外,她应该很喜欢下雪,我想。

"叫你SUMMER吧。"

她说,为什么是夏天?

我说,只是突然想到的,没有为什么。

她说,我不喜欢这个名字,不喜欢夏天。

我问,为什么?

她说,因为夏天就不会看到纷扬的雪花。

我笑了。其实我知道一个地方,即使是盛夏季节也能见到飘雪的。

她把头扭向我,瞪着大眼睛问,是真的吗,那可以穿着短裙短袖边吃冰激凌边光着脚丫站在雪地里了?

还真是个孩子,我想。就算是盛夏的雪花也是冰冷的啊!

但我还是说,当然。

她惊呼吵嚷着让我带她去。我说现在那里还是冬天呢,她说她要一直等,等到盛夏去看雪。

就这样一直到了晚上,期间她只吃了很少的东西,好像还是很怕生的样子,她应该很累了就抱着枕头倚靠在沙发上睡着了,留陌生的女孩

在家里过夜还是第一次,但没有任何不安和慌忙。

我把她抱到床上盖好被子,她的身体很柔软,呼出的气息带有淡淡的香。我静静看着她那张干净的脸庞,睡着的女孩是最美丽的。她那牛奶般的肌肤诱惑着我,令我不敢继续看下去。

我回到客厅打开阳台的那扇窗抽了根烟。冬天刺骨的风像泄闸的洪水般猛然灌进房间。

外面已是白茫茫一片,这下了一天的雪,明天或许会停吧。我看着茶几上从电视上刚抄下的电话号码,那是她的家人,我肯定。

就让她在这儿留一晚吧,她睡得那样香甜。

我看着嘴里呼出的水蒸气夹杂着烟雾飘散到空中,明天什么都会没有的吧。

第二天她的家人来了,和我最初想到的一样,她就是房东的女儿。这也是她找到这里的原因,毕竟她曾在这里生活了这么多年,那应该是段很美好的回忆吧。

在他们闯进来的时候,她还没有睡醒,那些医生粗暴地将她叫醒。

她很惊慌,谁也不认得,包括我。

她只是在那儿一个劲地问这是在哪儿,问你们是谁。难道她连曾经的家都已经忘了吗?

房东很感激的样子,两句客套的话后转而露出卑鄙的神色,说如果我检查出你对我女儿做了什么,我饶不了你。

我笑着说我不是那种人。随后跟来的警察只是简单地问了几句就走了。那些医生给她打了镇静剂然后就把她带走了,刚刚还热闹非凡的房子一下子突然冷清了下来。

我看着窗外雪停了,都出太阳了,果真一切都会消散的吧。

突然间后悔,想到她被强行拖走的情形,又感到释然,即使把她留在这里,我也无法接受她一睁开眼睛就忘记我是谁吧。其实她从来没有认识过我，即使昨天她也没有问过我的名字。

今天要去上班了，走在小区的街道上我依旧和那些晨练的大妈打招呼，好像昨天的一切都不曾发生过。

SUMMER离开。

我穿行在这座永不会变化的城市，看那擦肩而过的西装笔挺的严肃男人和那些抹着浓艳口红边吞吐香烟边打电话放肆大笑的成熟女人。

我突然感觉自己是那么不起眼，我没有任何值得其他人关注的地方。我身体的任何一个部位也不会吸引一个陌生人的目光停留两秒。

突然间我又想到去做一个女人，一个像雪花一般柔软的女人，那样或许可以整天泡在南山路，可以去逛伊势丹，即使是突然失忆找不到家也会有陌生男人收留过夜，而现在的我不知道自己究竟属于什么。看到哈根达斯宣传单上写着，香草来自马达加斯加，咖啡来自巴西，草莓来自俄勒冈，巧克力来自比利时，坚果来自夏威夷，那我来自哪里？

我想，或许我来自那个盛夏会下雪的地方吧。

我就是来自那个地方的雪花，即使是夏天也不会融化。

西单地铁站。

我看见了SUMMER。

我熟悉的面庞，我想上去叫她一声，或许她还隐约记得盛夏去看雪的约定，可是不必了，我看到她面无表情地从我身边走过，像对待其他陌生人一样。

其实我本来就是个陌生人。

或许她早已治愈，恢复了所有的记忆，只是忘了我。

或许遗忘是为了更深的纪念。

或许……

我不知道自己还存留在谁的记忆里，可能我在别人的世界里早已

融化。

我只想对她说我已经找到了那个地方,那就是我的心。只要她肯进来,每年的盛夏都会飘起雪花。

扬扬洒洒,永不融化。

海的女儿

文/李昕

"在海的远处,水是那么蓝,像最美丽的矢车菊的花瓣,同时又是那么清,像最明亮的玻璃。"

面朝大海的她,只能任凭记忆如退潮时脚下的沙砾般无声带过,无能为力。

是她看着大海,还是大海看着她,或者谁也没看谁。

这是她第七次站在这个地方看海,每来一次的她都会在自己的心里划一道疤。虽然这里和她第一次来的时候并没有任何变化。海水洋溢着浅蓝永久色,在海边驻足,吹拂着咸咸的海风,和眼泪的味道一模一样。或许,这大海本来就是一池子泪水,所以在海边许下的诺言终究不会兑现,换来的也只是两行浅浅的泪水。

如果单纯来讲,对于这个地方,她或多或少还是有些留恋的。当然,这里并不是她的家乡,也不是她工作或者成长的地方,只是这里曾有过一段稍微可以令她值得回味的记忆。现在的她是这么想的,可是以

前,她把那段可怜的记忆当做自己的全部。

其实她心里也明白,那也只不过是一件早已发生过的再平常不过的小事,只不过在不同人眼里它有不同的价值。即使只有一方懂得去珍惜,那么它就不会随着时间的流逝而风化,但当两个人都不愿再提起时,它就没有理由再重新来过,它也不会再发生一遍。

尽管她记得很清楚,就在这里,她和他曾有过一个约定,那是在第一次来这里时,他曾在她耳边轻声对她说,在一年之后,不管发生任何事,只要他们还存活在这个世界上,他们还会在这里约会,一定,不见不散。

现在想起来自己当时是那么的傻,那么轻易就相信了他。或许傻的应该是他,可能他也没有想到事情的结局会是这个样子。不知道他已经把当年的诺言遗忘还是不敢去坦然面对,总之她也没有怪他,但她不想让诺言就这样随风燃烧,因此每年的这个时候她都会来到这里,把这当做了对自己的一个弥补。

当不再有别人为自己填补伤口时,那就只有自己去一点点慢慢打理。每当不经意记起这件事时她都会笑笑,不再去刻意回忆什么。其实过去的事也就让它过去吧,没有什么好回忆的。因为伤心的往事只会勾起不好的记忆,而美丽的诺言和约定注定只会留下太多的遗憾。

就让诺言随风燃烧,不留灰烬。

"她的皮肤又光又嫩,像玫瑰的花瓣,她的眼睛是蔚蓝色的,像最深的湖水。不过,她跟其他的公主一样,她没有腿,她的下半截身子是一截鱼尾。"

他和她在高中时相识,在他向她表示爱意之前他们之间没有过任何的交流。他只是简单的一句,做我的女朋友吧,我会好好待你的。就这么一句,她就答应了他,没有太多的考虑。这在其他人眼里应该是一件很奇妙的事,这可以说是世界上最快的恋爱。

其实爱上一个人根本不需要太多的交流和时间,有时候只是一个简单的微笑,或者一个不经意的玩笑就足以令一个人深爱上另一方。而且她已经注意他很长时间了,只不过没有机会去接近他。就像《海的女儿》里那个美丽的小人鱼,偷偷在海底看着自己心爱的王子,只是不能上岸表达自己的爱意。她一直都认为那个小美人鱼好可怜,为了心爱的王子作出那么大的牺牲,可最后还是没有挽回自己的一片真爱。她很害怕自己也变成向小美人鱼那样。

不过现在看来,她要比美人鱼幸福好多。

他们相爱后自然要相互了解一段时间。她知道他特别喜欢篮球,因此她也开始搜集一切关于篮球的信息。每天都有买篮球报,看NBA也成了日常生活的一部分。或许作为一个女生,不管背包还是手机链都是克比、詹姆斯这未免有些疯狂,可她顾不了那么多。她每天也会跑到很远的地方买来早点给他,当她看着他吃下自己精心准备的食物时心里都是无比兴奋。

他们一起走过了那段快乐的时光。每个晚上他们都会一起回家,尽管并不顺路,但他都要坚持送她到家门口,而且还要相望好一段时间才舍得离开。每个周末他们会手牵着手走过这座小城的每一条小巷,然后会在一家不起眼的街边小店吃过晚饭,踩着铃声进教室也成了他们的一大乐趣。他们并不像大多数的情侣为了感情而肆意荒废学业,一有时间她就会帮助他补习功课,借给他整理好的笔记。他们相约要到一个地方上大学,但天不由人,伴随着两人高考的失利,他们却不得不去听从家长的安排。他父母把他安排到一个很远的地方读大学,而她则要遵从爸妈的意愿留学韩国。

她不想去韩国,她知道,如果她离开这里的话就代表要和他永远

分离。毕竟四年的时间可以改变一切。何况他又那么优秀,她不在他身边一定会有其他女生乘虚而入。看管男人就和看管小孩是一个道理,有家长在时不敢胡作非为,顶多有贼心没贼胆,但如果离开很远的话一切就不再那么容易控制了。她决定复读一年,明年就可以考去他所在的大学,毕竟那样就只等一年。对两人来说一年的时间还是可以忍耐的。

现在她非常后悔自己当初的决定。的确,对两个人来说一年是可以忍耐,但对两个真心相爱的人来说无论多久多远都可以厮守。他们现在的分离也不是时间和距离的问题,而是他们并不是真心相爱。

是他,并不是真心相爱。

当时他很感激她作出这样一个决定,在得知后紧紧抱着她,那时他许下了一辈子的承诺。之后他们两人一起去了那座海边的城市,在那里,他们拉着手指做了一个约定,也就是,不管明年怎样,他们要在这里相遇。明年今天的这个时候,他们要像今天这样在海风的吹拂下相拥在一起。

"她把他的头托出水面,让浪涛带着她跟他一起,随便漂流到什么地方去。"

在接下来的一年里,她除了努力地学习就是努力地回忆,可现在的她却不敢去回忆,她的确缺少当年那股敢爱的勇气。况且在很多人看来,疯狂的回忆是为了更加疯狂的忘记,而且疯狂的回忆换来的并不只有忘记,而是伴随着更加的刻骨铭心。

就像在那熟悉的校园里有太多他留下的印记,甚至学校后操场的墙根都找到了他最爱抽的中南海烟头,还有午后的篮球场,蒸腾的空气里夹杂着那股熟悉的汗味。他的课程也很紧,毕竟作为插班生,学起东西来多少有点吃力。他们逐渐减少了联系,后来甚至连电话也不打,只是发条短信。她感觉他们之间的距离越来越远,一种恐惧感从心底升了起来。

猜忌,这是所有女人都具有的本能,同样也是女人驾驭男人的一种优势,但当这种本能被充分调动起来时,它带来的都将是致命的伤害。

事情就如小说里的一样俗不可耐,男主角会背叛自己曾经心爱的女友另觅知音,忘记所有的誓言,忘记所有的约定,忘记曾经有过的一切回忆,直至忘记曾经还有过那样的一个自己,男主人公终究是经受不住时间煎熬的。他那天出乎意料地打来一个电话,问她最近过得怎样,问她的学习和生活,然后就支吾着只是一味拖延时间。她问他怎么了,他说这所大学不好,不适合她,快高考了,还是去报一所其他的学校吧。

她明白了,他这是在赶她,根本不是在为她着想,什么大学不好专业不适合,那只不过是他编出来的借口。一气之下挂掉了电话,痴痴地盯着手机屏,傻傻地等它再次亮起来。可是没有。她立刻收拾了一下就坐火车到他所在的那个城市。她不知道自己为什么这么疯狂,甚至连家里的人都不打一声招呼。她这么做是想挽留他。可她不知道,当那个男人决定要变心时,他就再也不可能回来。当他编好借口拿起电话的那一刻起,他就已经属于另外的一个人。一个在以前对于他们毫无相干的人。

一切都已无可避免,无可避免地走向庸俗。

"她觉得他的样子很像海底下她的小花园里的那尊大理石像。她又重新吻了他一下,希望他可以苏醒过来。"

到了那座完全陌生的城市,她给他打电话,说她已经来到了他的学校。他起初很吃惊,问她在哪里。就么么一句,她的心整个都酥了。因为她傻傻地认为,他还是舍不得自己的。

他风尘仆仆地赶来,她扑倒在他身上,他推开了她。

他说,别这样,我们至少还是朋友吧。这一句,她整个人都瘫在了那里。他说,当初都是他不好,是他太任性,他希望可以弥补自己的过

失,或许这样对两个人都好。

她按住了他的嘴,示意他不要再说下去了,而眼泪却已经顺着脸颊滴到了地板上。她说没关系,来这里只是想看看他,她说已经原谅了他,自从他离开的那一刻,她就一直在把他当朋友,一直,当朋友。

最后,她提出要求希望他可以陪她一夜。在那个宾馆里,他们喝了好多酒,男女之间炽烈的欲望淹没了一切。她不知道是酒精的缘故还是他的轻车熟路,总之,她感觉不到痛。

她甚至希望可以和他只用身体交流下去,只是他们是两条不断变换斜率的直线,她总是跟随着他,永远也不能相交。

"只有当一个人爱你,把你当做比他父母还要亲切的人的时候,只有当他把他的全部思想和爱情都放到你身上的时候,只有当他让牧师把他的右手放在你的手里,答应现在和将来永远对你忠诚的时候,他的灵魂才会转移到你的身上,你才会得到一份人类的快乐。"

回到家后,父母并没有说些什么,毕竟只要女儿安全地回来就可以了,这要比什么都重要。她向父母提出要办理去韩国的留学签证,这倒让父母大吃一惊,因为当时执意不走的是她,而现在主动要求离开的也是她。如果真要走的话,现在却又浪费了一年的时间。父母还是没有说些什么,只是忙着去办理手续。他们并不知道在女儿身上所发生的一切。这一切,是足以完全改变一个人的。

在去韩国之前,她又来到了那个城市,那个有着他们共同约定的城市。那一天她站在海边,虽然心里明白他不会来,但还是痴痴地在那里从早上一直到太阳落山。当海面上漆黑一片时,汹涌的涛声已经掩盖过起伏的心跳。她笑了笑,转身离开,任凭海风吹乱她的头发,吹乱所有关于他的记忆。

她来到了韩国,这个陌生的国度。耳边充斥着拗口的韩国语,而自己又不得不拼命学习。可这时候,她肚子里的孩子已经五个月大了。她思来想去,咬紧牙关决定回国。她希望可以凭借这最后的赌注来拼一把。她已经顶着身败名裂的危险,但她不得不去试一下,她还没有忘记他。

她偷偷回到了国内,靠着七拼八凑的关系终于得到了他的联系方式。她打了过去,响了许久才接通。他的声音没有任何变化,当她告诉是自己时,他免不了又是一阵惊讶。

她问男人,可以见一面吗。

男人说,我想应该没这个必要了吧,况且一切都已经过去了。

她打断他的话说,没有,我怀孕了,你的孩子。

电话那头是一阵沉默,过了好久他才问,你想怎样。

她说,我希望你可以回到我身边。

不可能。他打断了她的话,我们都已经结束了,如果你真的怀上了我的孩子,我希望我们可以正确面对。我们都已不再是小孩子了,不要那么任性。

她突然笑了,你想得美,还怀上你的孩子,逗你玩呢,最近过得怎么样啊。

电话那头又是一阵沉默,但接着传来轻松的音调,我说呢,你呀,以后别开这种玩笑了啊。哈哈,吓我一身冷汗,我过得很好啊,你呢,交男朋友了吧,听说你去韩国了,是吗?

她说,那是当然了,我已经拿到签证了,现在正在美丽的梨花女子大学报到呢。哎,国际长途好贵的,我就是和你道个喜让你在那边一个人边流口水边羡慕然后我在这遥远美丽的韩国一个人幸灾乐祸地笑。还有,如果你结婚可别忘给我发请帖啊,到时候我一定会赶回去的。嗯,这我手机号我告你以后别给我发骚扰信息。就这样吧,拜拜。

她一口气说完,没有给他任何机会,她也不想给他机会。她不想听他在得知自己没有怀孕后的那种轻松的口气。或许那对他就像是一种解

脱。而现在,她也应该解脱了。她一个人来到医院,躺在冰冷的手术台上,她流下了一滴泪,连那泪珠也变得冰冷,顺着脸颊滴落在那个橡胶垫上没有任何声音。

这时候的她突然想到小美人鱼在为心爱的王子服下可以让自己变出双腿的药。她多么想拦住那个天真的公主,她多么想告诉公主那是一剂毒药,因为那个故事悲惨的结局已经知晓。而她又感觉自己多么像那个可怜的公主,明知道是毒药,可还要硬着头皮喝下去,明知道没有结局,可还是在期盼新的开始。

"假如你得不到那个王子的爱情,假如你不能使他为你而忘记自己的父母,全心全意地爱你,叫牧师来把你们的手放在一起结为夫妇,那么你就不会得到一个不灭的灵魂,在他跟别人结婚后的头一天早晨,你的心就会碎裂,你就会变成水上的泡沫。"

她又回到了韩国,这个国度似乎已经显得不再陌生,就像一个老朋友。她在大学里学的是广告设计。她的功课很好,在大二时就有商家来找到她设计广告和提供好的广告创意,到了大三就已经有公司来聘请她做广告企划。她选择了一家传媒公司,虽然待遇并不如其他几家公司更具诱惑力,但那是家中韩合作的企业,老板是韩国人。在得知她是中国人时很器重她。因为这家公司虽然名义上是中韩合作,其实在中国方面的客户和业务是相当少,而她有着其他员工无可比拟的优势。她在公司不到一年就拉拢了许多来韩投资的中国客商,她也会亲自根据那些客商提出的要求来设计广告和提供宣传。她逐渐发现,广告上的宣传总是要比商品的真实功效要差很多。

就像诺言,也都总是说着好听而已。

在韩国的那段时间,她也是不乏有追求者。当然,她一个也没有看在眼里，除了一个叫Alex的英国留学生。他有着蓝色的眼眸和又高又直的鼻梁，还有高挑的个头。Alex是个典型的花花公子，就像电影里所演绎的英国小男生一个样。或许在他们那个国度，恋爱本来就是这个样子。

她起初被Alex的幽默所吸引，后来发现Alex有很多地方和他很相像，甚至连被开水烫到后的表情都一模一样。只是Alex更加花言巧语，"I love you forever"几乎成了他的口头禅。可她学的聪明了一点儿，这次没有陷入太深。当Alex开始对另一个女孩子"Forever"时，她不动声色地离开。他们的确很像，甚至连感情的事后处理都如出一辙。

她在想，或许全天下的男人都是这个样子的吧。

"我得去看一位美丽的公主，这是我父母的命令，但是他不能强迫我把她作为未婚妻带回家来。我不会爱她的。你很像神庙里那个美丽的姑娘，而她却不像。如果要我选择新娘的话，那么我就先选你——我亲爱的、有一双能讲话的眼睛的哑巴孤女。"

她是一个有着悲惨命运的女人，虽然现在她在很多人眼里是一个高不可攀的成功人士，但仅作为一个女人，她是很失败的。有时候她会毫不掩饰地抽着男士烤烟、喝着白兰地，甚至倒上一小杯白酒。她从不碰女士香烟，因为她很喜欢烤烟那种浓烈的香味，其实她更喜欢从男人身上可以闻到那股气味。可是现在看来那几乎是不可能的了，所以她也只有自己沉醉在缭绕的烟雾中。她还喜欢白酒那种辣辣的味道，可以从嘴唇一直传到心里再传遍全身，就像在和最亲爱的人接吻，唇线接触的一刹那便能像触电般传遍全身。

只可惜能带给她这种感觉的只是白酒，不是男人。

她也不是一个有很大野心的人，她的愿望仅是用心去做一个贤妻良母，可以有一份简单而且固定的工作，可以抽得出时间去照看老公和孩

子,可以在下班后牵着孩子的手去超市买一些生活必需品,可以一边做饭一边看时间期盼着老公回家,然后在清风徐徐的夜晚挽着老公的手走过空气中布满咸咸海水味道的海边小路。这样的生活对她来讲就已经足够了,可她不明白,如此再简单再普通不过几乎人人都拥有的生活为何对她而言是那么遥不可及。

她现在明白,当一个人得不到那件东西时,就不应该去想得到它该怎样。当一个人失恋了,就不要去想太多的委屈,不要去想太多的对错,也不要去想太多的不该。那应有的不该也是不该去开始这段感情,不该去接受这爱的邀请。以前的她也抱怨过种种不是,可抱怨来抱怨去,最后却发现都是自己不好,于是连那仅存的为自己鸣不平的心情都消失殆尽。就像当一个人被真正抛弃的时候,她所想的不应该是怎样去挽留,而是应如何学会像他人一样,把自己抛弃。

"她看见王子和他美丽的新嫁娘在寻找着她,他们悲悼地望着翻腾的泡沫,好像他们知道她已经跳进了浪涛里去了似的。在冥冥中他吻着新嫁娘的前额,她对王子微笑。"

现在,她已经将自己抛弃,抛弃到海的最深处,那里感受不到人类的温度。

现在,她不会再接受妥协的爱,不再接收冒险的爱,不再接收无解的爱。那不是爱。

现在,她心里终于明白,故事永远不会被重写,海的女儿,终究游不到爱的彼岸。

爱不曾离开

90

假设与现实无关
谁把谁抛弃
谁把谁追随
最终，你让我相信原来爱情可以那么长
彼岸灯火阑珊
就牵着手，陪我走一段吧
因为，因为
爱是我们唯一的道路

灰宅

文/黄可

这是一座真正漂亮舒适的房子：阴暗、熏蒸、压抑。

厚实粗糙的墙体泛出黏稠的灰色来，灯光昏黄，伴随着美妙的死寂。

无数个我们生存在这座房子里，参与一场公平的赌局。

一

王畅在一阵有节奏的摩挲声中迷迷糊糊地睁开干涩的眼皮，屋里光线紊乱，看不清摆设。王畅转过脸去看左手边的小伦，刘海儿遮住了他的额头和双眼，呼吸声均匀地在这暗淡的空气中散播开。

他回忆着刚才做的梦，格外混乱的一个梦，颜色明亮却声音模糊，但是有一个让王畅莫名激动的身影不断地在他的视线前方走动着，那是一条充斥着阳光的漫长走廊，望不见尽头，王畅努力地跑起来却怎么也追不上那个女孩，突然有很多人带着麻木的表情出现，那个女孩忽然也停了下来，刚要转过身——王畅醒来了，周身微微的酸痛，没有流汗。

在床上发了一会儿呆，王畅起身走出房间，在漫天的深灰云朵下，

看见一道道从头顶划过的银色亮痕连接着身前身后的大山。屋子的女主人握紧扫帚在不紧不慢地将飘落庭院的枯黄叶片扫成一堆,她看见王畅,无声地微笑着又转过身去。

凌晨的空气里飞舞着通体冰冷的妖精,嬉戏吵闹,散发出逼人的凉气。

孟秋在不经意间已经不请自来。

前天在毕业典礼上,教导主任的一番话让沸腾中的同学们在一瞬间凝固。

"咳咳,各位同学们……经过校长和各位老师的讨论之后,为了使各位拥有一个意义非凡的毕业旅行,学校决定,咳咳,今年的毕业旅行将要到山村体验生活,体验体验……"面颊干瘪的教导主任在大家的静默中,用词重复地讲了上面一番话,并端起那个消防栓一样的红水瓶喝起了茶。

台下在一片寂静之后响彻欷歔声。

但显然这个计划还是很有魅力的,因为当晚的报名人数就已经非常接近毕业人数了,况且这还是"自愿参与"的。所以第二天,在阳光明媚的早晨,无数的同学看见教导主任脸上挂着非常别扭的笑容,就像一个童真的……老男孩。

吵吵闹闹的旅行巴士从校门口一路颠到了目的地。大家抑制不住兴奋地幻想着丛林冒险,零食的包装袋在车厢内漫天飞扬,空气中弥漫着孜然的味道。

眼前的山还是让刚刚下车的同学们激动了一会儿。南方的山村就安静而祥和地坐落在漫山的绿色之间,炊烟轻扬直上,没有风但还是让人感到初秋的凉意。

王畅和小伦坐的车是最后一辆到达的,铁哥们儿阿代早了半个钟头。跨下车门两个人的相机就一直在打转,而背包里,还躺着四块电量满满的电池。小伦拨了拨刘海儿,开始找寻阿代的身影。

当天晚上并不是所有的人都住在了村里,有些同学到了附近的县城去住旅馆,当然,王畅、小伦和阿代都住在了村民的家中。小伦带了笔记本电脑写日志写到很晚很晚。头顶上高高的横梁深红,砖瓦青灰。屋外夜色浓密,不见一物。

二

不久之后小伦被叫醒,所有人在没有阳光的天空下兴致勃勃地出发去爬山。

南国的山一年四季都被绿色的大树所占领,即便在寒烈的冷风中也不愿让满树的叶片变得枯黄,更是对不幸飘落的零星枝叶怜悯不已。南方的树要比北方的来得柔情,这是事实。

山路陡峭而狭窄,土地因为终日没有日光照耀而显得潮湿黏滑,一些刻意凿出的台阶掩盖在芃芃野草之间,还有细长柔韧的藤蔓没有目的地延伸着。大家并排而行,互相取笑却不在意脚下的路。王畅走在最后,举着相机。

女生都走在中间,唧唧喳喳地对所有的寻常事物表现出一副不寻常的神情。在稍稍开阔一些的地方,她们就开始哄抢彼此的零食和饮料,完全没有了往日的淑女作风。这些"丑态"都被小伦和王畅恶作剧一般地记录了下来,然而并没有人发现小伦在按下快门的一瞬间总有一个身影不会被落下,那件暗红色的精致外衣在液晶屏幕上格外显眼。

走在前面的阿代转过身来,王畅猛地停住脚步。

"打掩护,我方便一下。"阿代压低嗓门儿说,王畅会意地笑笑,小伦也停下了脚步。走在前面的班长有所察觉地回过头来望了望,又转过头去。一行人渐渐走远,在密密匝匝的草木之间很快不见了身影,唯独嬉笑声随着风飘过。

"喂,阿代,你污染环境都得这么卖力吗?"王畅不怀好意地说,

"快点！人都走光了。"

小伦自顾自地拍个不停。上方这时却传来了班长的声音："王畅，遇岔口向左。左边。"

"知道了！"

所以王畅和小伦、阿代选择走了右边。

王畅的身形瘦颀，脸庞的轮廓刚毅，算得上半个白马王子，但不可能是可以用来写到小说里哄骗小女生的那种，而且他也不会画画和弹钢琴，偶尔会静心阅读，但成绩也不算好。

小伦的眼镜将近四百度，不会太浅但也不至于太深，热衷电玩和文字，但还没有修成正果。至于阿代嘛，完全是不同类型的帅气男生，学校剧团的宝贝。

三个男生怀着鬼胎一路嬉闹而行，不时加快脚步。目的不过是赶在队伍到达山顶之前先到那里插上红旗，泡上咖啡，架起篝火，如果可能的话再为大家准备三明治，看一看大家难以置信的面孔。这就是无聊的男生时代才会想得出来的烂点子。

手机没有信号，用不上关机这招。

但是……三个男生一路大步向前走了不知道多久，太阳带着奸诈的嘲笑嘴脸慢慢悠悠地爬到了半空当中，还是发现眼前的小径曲折地延伸出去，没完没了的，而他们的位置和山顶的距离一直保持不变。简直是画了一条完美的弧线。

阿代拧开水瓶盖咕噜咕噜地灌下几大口的水。他们已经转到了山的另一面，村庄看不见了，天空中飞鸟悠闲地划过，水银一般的云朵异常厚重。

"怎么办，王畅？"小伦又一次拨开刘海儿，推了推眼镜。

"凉拌！接着走。"王畅无可奈何地笑笑说，"不许反悔，走吧！"

让三个人非常郁闷的是,他们还是没能上到山顶,只不过一直在半山腰画圈。背包里的食物被一扫而空,饮用水倒是很节约地喝着。三个男生在草丛之间坐了下来,微微地后悔了。风吹过,三人沉默,企图可以从脸上拂过的风里头找寻些信息,竖起耳朵渴望着能听到其他同学的声音,但都是徒劳。

午后,天气燥热。

王畅决定下山,这个非常欠揍的提议让王畅看到了两张免费的臭脸。但是,上山不简单,下山却是更不容易。顺着原来的路径拐来拐去,双膝淹没在柔韧不乏生机的野草中,却也一直望不见终点。

晚七点,三个人昏昏沉沉地回到了寄住的人家,饥肠辘辘地瘫在椅子里一动不动。王畅在不经意间察觉到有两道弥漫杀气的光芒在周围回旋,突然觉得好冷……

于是,五个人组成的自由旅游队在隔日清早出发。

灰蓝的苍穹横跨在大山之上,昨日纯粹的绿色在没有阳光的时刻变得如同深沉的墨,泛出不近人情的绿意来。步行给他们带来了惊醒的感觉,一种全新出现的情绪在身体内翻腾,或许还夹杂着一些隐蔽得更深的成分。

但昨天晚上三个男生狼吞虎咽地解决完晚饭,在房间里各自计划资金周转问题,清点了各自的钱包盯着钞票直到眼睛发涩。

但是上床睡觉之后不久,女主人轻轻敲起门。三人迷迷糊糊,唯独听见似乎有人来访。小伦穿着睡衣打开房门,赫然一道耀眼的光芒从瞳孔中闪过——那一件精致的暗红外衣印在瞳仁深处,小伦不自然地笑了笑,没有理解眼前的两个女生到访的原因。

小伦和她们一同到楼下的客厅里,心里头却莫名地紧张。

原来余下的人马也没有到达山顶,不过中途折返,在发热的空气

中，一群女生贪图阴凉在树下微微休憩。不多时便再一次出发，班长一直认为王畅三人已经提前下山，并没有太多地在意，大家吵吵闹闹地回到村中，不料学校的老师已经等候多时，临时更改的计划要求马上出发到另一个地点去汇集，其他班级已经有很多同学出发，这一站只是中转站，只不过被学校保密了。

而偏偏在回到村里之后，徐蔚的脚"很不配合地崴了一下"，受伤了。

"你的脚受伤了？"小伦轻声地问。

徐蔚绽放出狡黠的笑容，她身旁的莫姜姜已经笑出了声，徐蔚反问道："你觉得呢？"

小伦恍然大悟，但心底却又涌现一个更大的问号。

徐蔚接着说了下去。然后从老师那里得知接下来的几天时间里都安排了大大小小的登山野营活动，徐蔚凭借脚伤的理由向老师提出了提前结束毕业旅行的要求，莫姜姜也提出了陪同徐蔚回家，然后的然后，莫同学和徐同学就在班主任"好可惜"、"太不小心了……"的婆婆妈妈中留了下来。

"老班留了口信，说你们要是想和同学一起旅行就得在明早出发，不然就只好回家去了。"徐蔚看着小伦，"你们怎么决定呢？"

"跟王畅和阿代讨论……讨论吧。"小伦忍不住打了一个哈欠，"不好意思。"

"没关系，"徐蔚和莫姜姜默契地站了起来，"我们先离开了。明早再过来。"

"好的。"

……

小伦目送两个女生离开，欲言又止直到她们消失在黑暗中，心里有些后悔，觉得自己应该再说些什么，至少要叮嘱她们路上小心一些。而心里的那个问号还孤零零地挂在某个突出的地方上，直到现在，大家说说笑笑地步行去搭车。

莫姜姜和阿代都是校剧团的宠儿，两个人嘻嘻哈哈地讨论着最近的一次合作。

他们也给学校回了口信，电话里，班主任用严肃的话音重复地强调他们必须马上回家，没完没了地讲个不停，王畅觉得自己的额头上一定出现了三条竖直的黑线……但是他心底的计划可不是回家这么简单。

巍峨连绵的山脉打着弯环绕四面，妖娆的风惬意地在身体周围打着转。

三

一个叫廖源的年轻的男子成了五人旅行队的导游。精致的脸庞写满活力，古铜一般的肤色在这孟秋时节不太和谐，但大家并不在意。

远离刻意雕琢的物质世界，这南方的古镇一下子显得奇特而清新起来。五人抑制不住好奇和欣喜，迫不及待地在巷中径间探寻着，望见头顶湛蓝的天空，不觉深深地吸进一道有着南国神秘氛围的空气，之间夹杂着些许不易察觉的淡淡香馨。

古镇傍水依山，垄断四面。那条河绕过山穿过古镇远去，山被苍翠挺拔的古木覆盖，苍白的巨大石块凸显于墨绿之间，山巅之上还有稀疏的建筑，悬空而建，触目惊心地屹立在山崖之旁。踏过老旧的石板路，石阶依偎而上，消失在密密匝匝的枝丫之间。

一行人喧嚷地出发了。

游客稀疏，头顶上唯有密不透光的绿叶。男生背包，女生享受特殊待遇，互相嬉戏打闹踏步石阶不紧不慢地向山巅前进。虽是孟秋，虽然没有耀眼的阳光，但是大家的额头上还是悄悄渗出排列有序的细密汗珠。年轻的导游一路上说个不停，介绍一棵老树，一个石碑抑或某一块台阶都认真恳切。似乎在他看来，所有的一切都有各自令人激动的特殊历史却又共同谱写同一段回忆。

小伦一直认着地听着,手里拿着笔和笔记本时而写下一些断断续续的文字,但没有人知道他写的是什么。时间画着不规则的圆形,支离破碎地前进着,在不经意间偶尔停下,罅隙不易发觉。

然而,其时已过正午。

那是一座别具一格的屋子,向偶然到访的每一个人展现出琳琅满目散发熠熠光彩的珍宝。女生欢呼地奔入其中,面对无数的细小饰品发出惊叹声。导游对一行人绽放出笑靥,示意可以坐到小店中的藤蔓靠背椅上,喝上茶,静静等候。王畅第一个坐下,解下背上的厚重旅行包,和廖源交谈起来。

阿代和姜姜对着一条璀璨的透明石头项链讨论起来。小伦背着身对着不知名的东西伫立观赏,老板娘乐呵呵地对徐蔚推荐手中散发出莹莹光芒的一块石头手镯,玻璃柜台上散落着精致的物品。

"你们是情侣吗?"廖源问。

"不是,只不过是同学。"王畅对这个问题不感意外,"毕业旅行。"

"好怀念啊,"廖源抬起手擦了擦额头,"我都毕业好久了。"

"所以我们故意避开了学校的组织,自己来了。"王畅喝了一口茶,"或许,更有意义一些。"

两人心照不宣地沉默下来。廖源的手机突然响起,他走到屋外去接,听不见他的声响。突然之间窗外似乎亮了起来,莫非太阳从云朵里挣脱出来了?王畅转过头从窗格子望出去。廖源却又进来了,不过脸色显得有些怪异。王畅似乎发现了这一点。

而此时,表面上对着小饰品发愣的小伦则在思索着另外的一些事情,他聚精会神地聆听徐蔚所讲的一字一句,一股莫名的力量让他无法放松,然而他却又没有勇气转过身去和徐蔚讲话。他思索着怎么更自然地参与到徐蔚和老板娘的谈话中去。

小伦用男生少有的纤细手指灵活地为徐蔚戴上镶嵌着莹莹石块的手

镯，小心翼翼地赞叹着手镯和徐蔚的光彩。小伦一直迷迷糊糊的，犹如是潜意识的操控让他在徐蔚要接过手镯的时候伸出自己的手。

阿代为姜姜戴上项链，狡黠地对王畅笑了笑。

很快，老板娘亲切的面孔被挡在了高大冷峻的树木之后。大家不觉加紧了脚步，廖源的解说词变得如同故事一般充满传奇色彩。小伦走在最后，举起相机拍了照。视野逐渐变得开阔，亮光映进了瞳孔深处。

终于，迎来一块平坦的蓬茸草丛，头顶上的缪辘枝丫一扫而光，面朝那一侧的大山，身后是高耸的古木以及巨大的石块。寥廓的蔚蓝天空明亮遥远。所谓"风烟俱净，天山共色"。

有一座久违的咖啡屋。灰色调屋顶暗淡无光，灰色的墙用木头构成。

六个人跨进了这间咖啡屋，眼前的光线立刻暗了下来，咖啡豆研磨时独特的香味扑鼻而来，阿代惊叫了一声。挂钟正好敲响了午后两点。领头的廖源略显紧张，五个人跟在后面并没有谁发现廖源对着站在柜台里那个热情的男子诡异地眨了眨左眼。坐下之后，廖源轻轻地说"我去趟洗手间"便离开了。

然而所有人都没有想到，廖源没有再出现。

俄而。

急不可待的王畅没有在洗手间找到廖源，不过洗手间门口右侧长廊的最里端的那扇木门引起了他的主意，一种强烈的好奇心迅速弥漫他的心脏，充斥在他的血液间。

推开了那扇门。

五个人倒吸了一口深深的凉气，无语地望着平静沉睡中的一片黑暗的湖面。脚下是坚实的土地，潮湿的土壤被长久的水汽笼罩，似乎变幻莫测地悄悄改变着自己的姿态。而在右手边的一个突出的石阶边，静静地停泊着一艘船。

细微的涟漪平稳迅速地扩散到更远处的黑暗之中去了,五个人静默,没有人划船。小伦抬头望见了黑漆漆的巨大深洞,头顶上似乎也是密实的石块相依相垒而成。

一座岛出现了。极小的一座岛,长满了参天的巨木。

但是,当他们踏上陆地,猛然感觉到脚下的大地在痛苦地颤抖着,发出哀恸的低音来。身后的水域迅速地倒退,速度之快难以描绘,大地在不断地扩大。眼前的巨木也敏捷地让开身躯,直到一座巍峨的宫殿呈现在灰蒙蒙的光线之中,然而头顶依旧是漆黑深远。一行人在一刻突然发现呼吸变得异常沉重,压抑的灰色光线萦绕在四周。

周围穿梭着千奇百怪的人,然而没有谁在意他们一行人。

"这里是哪里?"徐蔚的话语间有些许的不安。

"嗯?"王畅心里也没底。

徐蔚问:"拍电影吗?"

王畅说:"也许吧。"

姜姜说:"我们回去吧。"

阿代说:"既然来了,就不要这么简单地离开。"

姜姜说:"……好吧。"

小伦沉默不语,眼睛掩藏在镜片后面。

很快他们就发现了非常奇怪的一点:这里只有年轻人,望不见一张老年人甚至中年人的面孔。也就在这个时候,他们看见了一个色彩斑斓的路标:

"池沼:灰之岛——欢迎年轻人类。"

徐蔚:"你说那会是什么意思呢?"王畅摇头,但是他还是看见了路标下的一扇门,清澈的玻璃里是灰暗的灯光。许多人从那扇门前走过,连瞥都没瞥一眼,反倒是加快了脚步。

然后,他们就走了进去。所以,他们就走进了一个不大不小的旋涡。

那是一场游戏。

一位倨傲的侍者接待了他们，面容冰冷，白色的衬衣一尘不染。不多时，他们就见到了一个与路标一样斑斓的圆形的转盘被悬挂在粗糙的墙壁上。图案被分成大小不相等的八个扇形，各自被标上了二到九的烫金数字，支离破碎暗淡无光。

侍者说：「推动这个公平的转盘，停在哪个数字上，记住它……」

"在三角桌上，坐好了等着分牌，当大家各自看完牌之后，将要比较点数，但是如果你觉得手中的点数不够多，那么转盘上的数字就会起到作用，它代表你有几次'加二点'的机会……"侍者的右手摩擦着左手手背，漫不经心地接下去，"你必须在每次沙漏滴完之前决定用不用……"

"然后就是……摊牌。如果赢了，可以从最低点的玩家手中取得四块银币……如果你好运气——连续获胜三次，可以决定两位输家中的出局者……反之亦然。"

"但是，哼哼，如果没有银币的话，后果将不堪设想……"

侍者挑起眉毛，轻声问道："谁来呢？"

"我。"王畅微微地笑了，走向转盘。

一个圆形的旋涡……蔓延。余下的四个人屏住呼吸。终于，印着"九"的扇形停在了指针后方，侍者微微地吃了一惊——游戏开始了。

四

"九……"王畅默念。

两张淡灰色的牌被推到他面前，王畅用戴上手套的手轻巧地拿起。灰色灯光从头顶上倾泻而下，但是在浓稠的黑色中没有散开，如同冻住一般地聚在三角桌周围。

王畅自己看到了四个红色的方块,"好吧,'财富',这是好兆头……"王畅在心中自言自语,然后看到的是四个黑色的梅花,"还有'幸运'……"王畅欣喜不已,同时尽力不让自己的表情发生变化。随即映入他眼帘的还有自己右手背上那个浅灰色的数字"9"。

沙漏里灰色的细沙已经所剩无几。

"使用吧。"王畅心里平静地说,手背上的数字在瞬间变成了"8",沙漏空空如也。他用眼角偷偷地瞟了另外的两个玩家。

王畅左侧的玩家是一个皮肤白皙的男人,右侧则是一个女孩。摊牌!男人身前的桌面上出现了一个图案,矩形中排列着八个红桃,王畅的心脏突然抽搐了一下,然而,另一个图案紧接着出现,是一个孤独的方块。王畅旋即释然,但并没有持续多久。因为女孩跟前出现的第一张牌是红桃八。沉默——然后出现了黑桃四。

王畅听见站在身后的徐蔚叹了一口气,他的左脸颊抽搐了一下,无人察觉。

男人把四块银币推给了女孩。王畅下意识地摸了摸自己的口袋,惊讶地发现自己所有的钱无一例外都变成了光滑的银币。

第二局开始的时候,屋里的灯光急促地闪了一下,所有人犹如受到惊吓一般不约而同地一惊,旋即挪了挪身体。

男人的点数不过是七,女孩的第一张牌是方块八,王畅的情绪突然变得平和,预示着什么一般,果然,女孩的第二张牌是黑桃六。王畅摊开自己的牌,梅花九和方块七。

赢了。四块银币被推到了面前……

赌局就这样延续下去。房间里只有他们七个人,灯光灰暗,浑浊不堪。唯独中间的三角桌被灰色的灯光笼罩,角落里漆黑得难以分辨远近。

五个人都坐了下来,小伦和徐蔚坐在王畅的右手侧,姜姜和阿代在在另一侧。没有人发出声响，侍者面无表情地重复着同样的机械动作。他们谁也没有注意到，王畅手上的那块手表已经在四个多钟头以前停止了转动。王畅侧过脸就可以看到徐蔚严肃认真的眼神盯着自己，耳畔偶尔响起徐蔚和小伦交谈时刻意压低的嗓音。

从开始到现在，已经过去了整整四个小时。

小伦一直期待着这个赌局能早点结束，当徐蔚和他讲话的时候，这个期望尤为强烈，他对这次赌局觉得烦闷，捋着自己的刘海儿在座椅上思绪飘忽。他不由自主地开始想起毕业考试前一周的那一天。

文学社的学期末总结会，所有文学社的成员都没有缺席。社长是隔班的一个靠人气取胜的男生，而徐蔚是副社长，现在两大"官职"都面临着空缺，所以当日的会议还加入了新正副社长的选举，变得格外的漫长。

然而那一日的小伦，心里并不在乎会议的长短，他一直惦记着一个期待已久的机会。会议室干净透明的玻璃窗投进了一束束蔚蓝的阳光，摇曳的葱郁枝叶在窗外蔓延，让蔚蓝的阳光中夹杂斑斑跳动的绿影。小伦在心底一遍又一遍地重复准备已久的台词，尽可能地让它显得不那么幼稚。终于，会议在一阵掌声之后，以老师带走了那个新诞生的、看着秀气的男社长和充满表达欲的女副社长告终。

但是那一天的行动还是失败了。在徐蔚面前，原本计划详尽周到的剧本被遗忘得一干二净，所有的话都没有说出口，徐蔚若有所悟却没有道破，优雅地点了下头便离开了会议室。小伦的上衣口袋里，那封精致的信似乎被汗涔涔的衬衫浸湿了。

徐蔚留下一道浅蓝色的光影，离开了。

一个人坐在空旷的会议室里，惋惜和后悔在小伦心中氤氲。

但是他更不会想到，自己会在半个月之后的毕业旅行中和徐蔚结伴，更难以想象和她坐在一起，伴随低声的交谈。

灯光突然狠狠地闪了一下，小伦从回忆中归来。

他瞥了一眼王畅的手背,灰色的数字"1"显得有些忧郁。

"一……"王畅默念。

数字只有自己一方的人可以看到。这是规则之一。在侍者发牌的过程之中,王畅的手在口袋中摸索:那里面仅剩下两枚银币了。但除了他自己没有人知晓。淡灰色的牌,落在了王畅的手中,他发现自己的手心渗透汗珠。

"第一张牌是……Q……梅花——'幸运',是的——,第二张……10……方块——'财富',但愿如此……"王畅在心中默念,微微放下心。他猛然转过头去,看见了徐蔚的眼睛,瞳孔深处似乎隐藏着担忧,这让王畅又不安起来。

漫长的世纪,时间的圆圈破碎得厉害。

男人的牌……第一张……J,红桃J……然后是……K……黑桃。刹那王畅呼吸不过来,但是还有女孩的牌,王畅手指冰冷,像要甩开冰霜似的抖动着、祈祷着。

然而,还是很有戏剧性的,王畅的点数输给了男人一点,而男人的牌却又输给了女孩一点——这一刹那,王畅失手用力将手中的方块十从中间折下,折痕掩盖在灰暗中。

所以现在,王畅必须掏出四枚银币。但是他没有,没有理由的恐惧感翻涌澎湃——

"但是,如果没有银币的话,后果将不堪设想……"那个倨傲的侍者似乎一直站在他的身旁,沙漏开始计时了……

一道玻璃炸裂的巨大声响,沙漏粉碎飞扬。

徐蔚拉起王畅的手,抓起王畅的旅行包开始飞奔起来,王畅看见男人的白皙面孔和女孩的疑惑脸庞在身后飞快打转起来,如同各自鲜艳的颜料被涂抹成一片,灰蒙蒙地旋转着消逝殆尽,同时,这个巨大的旋涡还把阿代、小伦和姜姜搅了进去……

一扇扇掩盖的门迅速地向后退去，恍恍惚惚间，王畅犹如被抛出一般地跨出了"池沼：灰之岛"那道清澈的玻璃门。

他们在人群中慌乱地奔跑，寻找来时的那片水域。在厚实的土地上快步飞奔，王畅猛然停了下来。徐蔚一惊："怎么了？"

"这里的土地会生长，不是吗？"王畅语调悲哀，"我们能找到原来的船吗？"

"这……"徐蔚无言以对。

"我们回不去了。"王畅说，沉寂许久，"……你为什么要拉我走？"

"你的口袋里只有两枚银币了，不是吗？"

"你怎么知道？"

"小伦告诉我的。"

"……"

"我……不想让你遭受惩罚。"又是良久的沉默。

"我明白了。"

灰暗的房间里，小伦的眼睛在一刹那失去了光彩，衰颓一般地深深陷入到扶手椅中，茫然若失。他似乎昏昏沉沉地睡了过去，梦见了仅仅过去不到一刻钟的刚才。

徐蔚侧过脸靠近了小伦，他突然间微微发愣。因为徐蔚的脸庞如此之近，散发出带着草木的香馨，小伦从她的瞳仁深处看见了一片翻涌的海域，没有边界。他不懂。徐蔚发出了轻细的声音："小伦，你知道自己身上有多少钱吗？"问题如此唐突，小伦顿时失语。但随即绽放出自信的笑容："当然。"

徐蔚浅浅地一笑，默不做声。小伦不明白这个问题的含义，但是没有多问，唯独期待着徐蔚接下来的话语。徐蔚很快地看了一眼严肃认真

的王畅，灰暗灯光下的侧脸有一道清晰的光晕，还有的是那泛着幽幽光泽的汗滴。她有一种莫名其妙的预感，强烈得让她不安，她又问："那王畅身上呢？"

小伦陷入疑惑，犹如坠海，但似乎在周围又有一条不怎么明朗的绳索，强烈的占有欲席卷而来，但仅仅是徒劳，那仅有的线索稍纵即逝。在疑虑之中，面对所谓的"顿悟"眼前横亘着一条湍急的宽大河流。他觉得这可能是个机会，他期待着弥补半个月前的遗憾。

是的，小伦知道。昨晚他和王畅还整理过钱包，这个巧合在小伦看来是个机会让自己能和徐蔚多谈些话。

"我知道。"

……

一道玻璃炸裂的巨大声响。沙漏里细密的沙粒高高扬起，溅落在了小伦光滑的脸庞上。小伦不明白发生了什么，唯独看见徐蔚拉起王畅的手动了起来，身影模糊。小伦发现自己在飞速地后退，旋转着被带进了一个灰色的旋涡。

一瞬间，小伦寻见了刚才无比渴望的绳索，但现在，手里握住的绳索却陪伴着他迅速下坠，下坠……在旋涡里晕头转向。心里那个巨大的问号突然变成了一个带着嘲笑的句号。

她竟然选择了王畅……小伦在旋涡中喃喃自语。旋涡里灰色的物质淹没了他，他觉得周身如同火海一般地熏蒸。耳旁有姜姜的惊呼和纷杂的说话声，但是他听不清。

五

王畅紧紧拉住徐蔚的手找不到那片静谧的湖水，眼前依旧是散乱的灰色光线。

两个人放慢脚步在来来往往的人群中沉默无语，王畅开始思索着灰色的光线究竟来自哪里，他抬头望见除了漆黑别无他物。他有些失望，但是这会儿他看见了一张脸。但那个人没有看见他们。王畅停下脚步动了动手指头，徐蔚看着他。

他们两个人不紧不慢地跟在廖源身后不远处，他一直认真地走着。没有停下，在很多房屋间的道路上走着，王畅庆幸这里似乎到处都有人群，廖源一直没有发现他们。许久之后，廖源走进了一间木屋里。

木屋没什么特别，灰色调屋顶暗淡无光。

王畅牵着徐蔚的手，远远望着那间屋子，希望廖源能赶紧出来。这个神秘的导游既然能上这个岛，肯定能离开这里，只是他为什么会在岛上？王畅心里不解。

漫长的一段时间打着盹儿好像停滞了。徐蔚转过头，说："我们还要等吗？"

王畅："再等等吧。"

徐蔚："我们……进去吧，去找廖源。"

王畅："……"

王畅拉着徐蔚的手走向那间屋子。那扇木门很漂亮，他们跨了进去。

时钟逆时针旋转回五个小时以前。

廖源坐在藤蔓靠背椅上，端起茶杯喝了一口。窗外光线充足。

"你们是情侣吗？"廖源问。

"不是，只不过是同学。"王畅回答，"毕业旅行。"

"好怀念啊，"廖源抬起手擦了擦额头，"我都毕业好久了。"

"所以我们故意避开了学校的组织，自己来了，"王畅喝了一口茶，"或许，更有意义一些。"两人心照不宣地沉默下来。廖源被突然响起的手机下了一跳，他起身到屋外去。

"喂？"

"我是帝。"

"怎么了?"廖源四下张望。

"你动作快点。"那边的男声带着明显的不耐烦。

"会的。"廖源挂断电话回到屋里,坐回椅子里的时候他担心自己的略微紧张会在脸上显露出来,但是大家的注意力都不在自己身上,他松了一口气。好久以后,他们终于到达山顶,那间灰色调屋顶的咖啡屋赫然伫立在眼前。

站在柜台里的就是帝,他有些不高兴,但是对于这些远道而来的"客人"还是热情地表示欢迎。廖源对他眨了眨左眼,自己的任务完成了。坐在飘满咖啡香的屋子里,面前的一行人显得兴高采烈。廖源凭着上洗手间的借口离开了座位。

他神色匆忙地走到了洗手间一侧的那条过道上,推开尽头的门,消失在一团厚实的黑暗里。

廖源无比惊讶地看见徐蔚用手中的手机砸碎了那个装了灰色密沙的沙漏,瞳孔中布满了在灰色灯光中泛着浅色光泽的沙粒,细细密密纷纷扬扬。然后徐蔚就拉起王畅从他眼前迅速地消失了。他站起身,从房间里的黑暗角落出现在笼罩三角桌的灰色光线中,面色阴暗,姜姜看见他,发出一声惊呼,他奔跑起来,全然不顾阿代的叫喊声。耳根是一片纷乱的杂音,渐远。

他看见王畅和徐蔚在街道上漫无头绪地走着。期间他望见两个人停下交谈,远远看见了徐蔚平静的脸庞,从沙漏破碎的一刻起就翻涌而至的欣赏更是强烈。他跟在两人的身后,许久没有改变步伐的弧度,直到某一秒——"抱歉了,帝,你的王国不会因为少两个人而改变的。"他喃喃自语,决定放走这两个人。

他让王畅和徐蔚跟在自己的后面,他装作浑然不知。

不过他进入那间屋子之后等得有些不耐烦,因为两人迟迟没有跟上来。

不过,漫漫的几个世纪之后终于看见他们走近了……

六

王畅站在木门前。

"王畅,你在干什么?"徐蔚的声音让王畅惊了一下,他看见长廊那一头的徐蔚对他露出微笑,"廖源已经回到前屋去了,咖啡很不错的。"这让他迷迷糊糊觉得是做梦,他转过身去看身后的那扇木门,正安安稳稳关着。

"没事。"他大步地走了过去,拐过走廊的时候又转过头望了一眼那扇门。

回到了咖啡屋的前屋,香味再一次扑鼻而来。

阿代和姜姜正兴奋地谈着杯子里的咖啡。小伦的位置却空着,廖源笑着看着王畅。

"小伦呢?"王畅有些不安。

"你上哪儿去了?"阿代放下杯子,"小伦接到家里的电话,说家里出事了,刚刚走了。现在估计在下山的路上。"

王畅坐了下来,廖源端来了一杯咖啡。"谢谢。"王畅接过咖啡看见廖源的脸,突然感到这熟悉的笑靥里包含了一些难以琢磨的情绪,却又显得不确切。

这一刻,挂钟正好又响了,午后两点三十分。王畅下意识地看了一眼自己的手表,秒钟缓慢地颤动着。

下山途中,再一次经过那间饰品屋,但没有再进去。到了山麓,王畅回头望见那间咖啡屋,灰色调的屋顶还有灰色的墙,突然心中一阵发紧:难道所有的都只是自己的一场灰色的梦?

隔日清晨,他们坐在巴士上离开了这个小镇。蔚蓝的阳光一块一块地跌落在徐蔚的身上。王畅坐在她的一侧,看见这大朵的阳光,突然间觉得无比熟悉:

半个月以前的某一日,记忆里是一条有着无数透明蔚蓝玻璃的走

廊,明亮清澈的阳光夹杂着不停跳动的绿色斑点在自己的白衬衣上晃动,地板上规律地铺满了一块一块的方形阳光。王畅靠在窗台边,望着楼下那大片繁密稳健的高大苦楝树,等待着小伦结束会议一同离开学校。他并不知道这是什么会议,只知与自己毫不相干。

许久之后,他听到了掌声蔓延开来。王畅知道会议结束了。

教师和几个学生鱼贯而出,王畅唯独认识学校语文组的组长。但是人群变得稀疏之后,依旧没有看到小伦。王畅没有走进去,转过头去望着在阳光里摇曳的枝叶。

这是王畅第一次在学校里看见这个女生。走得有些匆忙地离开,但是王畅仍然记得她对自己轻轻地一笑,王畅不知所措。很快,在蔚蓝的光斑中,女生的浅蓝色的背影不见了。唯独透明的走廊瞬间变成了玻璃隧道,望不见尽头,流光溢彩地跳动起来……

巴士拐过一个缓缓地弯,徐蔚碰了他一下,他笑着转过头看徐蔚,王畅突然不假思索地脱口而出:"徐蔚……"

"嗯?"

"……我喜欢你。"

徐蔚沉默了……却突然绽放出灿烂的笑脸,阳光落在她光滑的脸蛋上刹那盛开出花朵。在一瞬间,他们犹如坐在了玻璃城堡中的某一个房间里,宽阔的世界变得清澈透亮。

"我知道。"徐蔚轻轻地偎依在王畅的肩膀上。阿代和姜姜坐在他们前面突然转过脸鼓起掌来,王畅不好意思地笑了笑。

他突然记起在青瓦红梁的老宅里做的那个格外混乱的梦,王畅终于追上了那个在他梦境中出现的女孩,玻璃隧道的尽头原来在这里。

颠簸的山路混杂在绿山之间。王畅俯下身拉开旅行包的拉链,忽然间他差点儿叫出了声:在旅行包的最上边,赫然躺着一张扑克牌,耀眼的红色方块十反射出红色的光芒,如同十颗闪着红色光泽的宝石。而扑克牌的中间,有一道或深或浅的折痕。

耳边突然响起昨天夜晚廖源带着笑意的嗓音："那一场赌局，好玩吗？"

这至少不会仅仅是一场灰色的梦吧？

爱不曾离开

宠物旋涡
文/黄可

楔子

朦胧的晨霭渐渐散去,整座城市里的机械人都活动了起来。然而,机械人的城市里还是居住着一些现今真正意义上的生命,那便是人类。

这两个种族之间的关系无比微妙。

黄铜造成的巨大齿轮在第一道阳光里开始了每日的不懈转动,闪出熠熠光芒。旋即所有的齿轮都转了起来,带动环城河的水波澜地向前奔涌,拍打河岸溅起浪花。

机械人的思想里不免有炫耀的一部分。

他们的先人造出齿轮的那一刻,肯定想象过这样的机械时代总有一天会到来。在这个时代到来之际,这群自命不凡的机械人在一个春暖花开的日子里把巨大的齿轮装到了环城河里,以带动死寂了千年千世的河水。

古老的史册记载着每一条命脉,每一滴血液。但是这个发达的年代不属于历史，抑或可以说是被忽略了，不曾记载。

透迤无端的城墙曲曲折折之后在一片刺目的金黄日光中消失了去向。在一定的时候，会有一些暗设的门窗打开，机械狮子会探出头来喷水。而在狮子口里喷出水的那一刻，城墙上边的照明灯诡异地一笑，然后忽地灭掉了。

通常，灯要是灭了，天也就亮了。

而这会儿，天早就亮了。

机械人的城市里到处都是闪烁的金属光泽，以及转动的机械。

精密细微的齿轮带动心脏，由金属构成的身躯，走起路却不发出一点儿声响——金属让机械人浑身上下发亮，他们便以此来和其他生命区分。无数机械人生活在这座城市里。

城市的土地无限广大，以至于没有人知道边界在何方。连城墙的建筑师都不知道城墙有多长。而机械人只认为这座城市只比寥廓天空略小一点，然后便把它列为"不值得探讨的问题"，不再过问。

一

锂区。

第九街。261号。

朝东的窗户上的玻璃透过幽蓝的太阳光，落在了窗前的书桌上。房间里的布局一点新意全无，所有的东西都规规矩矩地摆在该摆的地方。风从不易察觉的窗缝中不时地吹进来，窗幔叮叮当当地发出声来。

木床上仍然蒙头大睡的是佐贤，故事里的第一个人类。

墙上被泼了不少彩漆，但看得出是刻意弄上去的。

佐贤自从出生第三天就被带到这个房间里，现在，十五年都过去了，除了书柜上书的数量有明显变化外，其他东西原封不动。他的主人是柒壹·锂先生，被创造出来已经五十六年了，对于佐贤关爱备至，只可惜在这里不存在"父亲"的概念，不然，柒壹·锂先生也算得上好父

≡爱不曾离开≡

亲。柒壹•锂先生属于高级机械人，他的工作只是绘图、写计划书。

机械人的名字一律是数字，在这群机械人看来，数字就如同元素一样，每一个都是独一无二的，而他们的姓，来自所居住的地方的区域名。机械人认定数字是高贵的，自负地规定，只有机械人才配得上数字。

长久以来，机械人的法律从未允许人类用数字取名，或许就是原始的种族歧视。可实际上，人类对数字名字从没有任何渴望，就像欧洲贵族在法律里禁止平民佩带短剑，但问题是，短剑对于平民甚至贵族来说都没有什么意义。这是题外话，佐贤并没有思考过这个问题。

佐贤醒了，仰躺在床上。今天比起往常醒得早了些。

桌子上放着微热的早餐，柒壹先生上班去了。吃过早餐，回到房间里看柒壹先生为他安排好的书，页码写在一张光滑的铜片上，放在书房里。

今天的安排特别多，包括《造船工艺》第一章，《信息获取与传播》第一章这种特别难的课题，当然，柒壹先生是会抽空检验佐贤的。通常的方法是要求在规定时间内完成逼真程度百分百的模型制作。

二

铍区。

第一街。11号。

安凡是一个很精致的女孩，故事里的第二个人类。

这会儿，她站在镜子的前面，看着自己穿上新裙子的样子。在后面不远处的扶手椅上，陆贰•铍女士很高兴地点头，轻轻说：“就这一件好了。”安凡取起镜子前的别针，别在了上衣的胸口。陆贰女士对安凡的生活照顾得无微不至，一如自己的女儿，当然，陆贰女士永远不会知道"女儿"是什么意思。此时，陆贰女士只想着去参加沙龙的时间快到了。

窗外，火辣辣的太阳高挂。

街道正对面的那栋精致的房子里的一个机械人似乎在忙碌些什么，几次经过窗前，身体的金属都把太阳光反射回去，格外晃眼。

那不属于铍区，而是锂区的第九街。

三

在城北的氢区，有一个巨大的入口，通往地下的一个出发站。从这个站台出发前往的目的地是一个有巨大水域的地方。佐贤曾经去过几次。

有一回，正值酷暑。柒壹先生明白人类的耐热能力有限，发现佐贤在家中无所事事。于是，领佐贤坐上了自己的车子，穿越车流如洪水奔腾的道路，顶着一动不动，只顾散发出多得恼人的热量的太阳，来到了那个黑洞一般的入口。

佐贤一言不发地望着入口，心里一种从未有过的欲望驱动着他向前跑去，将茫然的柒壹先生远远抛下。

光影斑驳，阴阳交替伴随着巨大的叫喊声，视线里的白光太多，望见的柒壹先生的身影只是模糊的线条，在一阵忽起的大风中，列车拐过一个弯，驶入一个新天地……

无际的水域出现在佐贤的眼前，微凉的风窜进列车里，把佐贤吹得微微倾斜，在酷热中待得太久，竟然变得畏惧凉气了。跨下送他来到水域的列车，周围嘈杂的一切声响瞬间不复存在，只见四下里人影散乱，一股欣喜的气息在弥漫开来。

佐贤一个人坐在木舟上，周围有不少这样的小船，荡漾开相互碰撞的涟漪，泛着银色光芒。他停下划桨，耳畔的声响由水花拍打声转为远远传来的谈笑声。视线所及的无限遥远的地方，什么阻碍的东西都没有，唯有同样蔚蓝泛着银光的水。

那是无垠的一片蓝色，晶莹地将佐贤紧紧包围，那是一个在长久之

后依旧无法让佐贤释怀的幻境，在他的梦中反复地袭来……

他又开始努力地划起桨来……

实际上，在那巨大的落水声飞传而来的时候，佐贤会掉转木舟的方向，加速划了过去完全是一种本能，出于好奇的本能。而当看到是一个女孩落水的那一刻，为什么会跃入水中去救她，这就谁也说不清了。

佐贤从后面抱着女孩，可问题是怎么回到船上？

——他才猛然发现，自己的视线里竟然没有其他船！

他僵持着，有些不知所措了……

当佐贤和那个女孩都被拽上船后，精疲力竭的佐贤一头倒在船板上，吐出深深的一串气。船上的男孩一言不发地看着浸了水的两个人，目光深邃，漫无边际的忧郁。

长久的沉默，突然之间，男孩轻轻笑了起来："你们叫什么名字？"

"安凡。"

"佐贤。"

"木原。"男孩说，划动了船。

假若柒壹先生一同到来，或许什么都不会发生，然而某些时刻里，有一些生命一定会行走到一起。不是宿命，而是生命本身具备的力量。

安凡和佐贤各自回到家中，什么都没有发生过。

四

长久之前的世界并不是这个样子的，机械人的领土在人类领土的另一端。所有的云朵悠悠地在两端之间的水域上空徘徊。一个相安无事的和平时代。后来，一部分机械人偷偷地从那一端到来，人类自然不会知道他们是什么，把他们当成了工具，直到月朗星稀的沉睡之夜，真正的机械人大军到来了，睡梦中的人类被迫永远地放弃了醒来的权力。

物换星移，机械时代的到来，让机械人忘却了人类世界的样子。

在那个夜晚，机械人的故土上空无一人，似乎再也不会有人到来。他们留下了一部分人类，要求他们充当奴隶。

他们从机械之城挖出一条漫长的通道，直到那片铭记他们胜利的水域。

随着荏苒时光而变化的还有一些。一如人类，原本名义上的奴隶，也已变成了实际上的宠物。

五

柒壹·锂先生今天回来得很早。佐贤还在苦苦地研究造船工艺，锂先生进了书房里没了声响，许久，他来到佐贤的房间，预示着今天的检验即将开始。

但是，柒壹先生一反常态。

"佐贤，跟我到书房来。"

书房里的所有东西都不见了，取而代之的是大大小小的金属零件。

柒壹先生高兴地说："从今天开始，我们将造一艘真正的船！"

从那以后，佐贤一有时间就到铍区去找安凡。

佐贤在安凡面前总是表现出一种谦虚的姿态。对于安凡的请求统统尽力而为。

两个人经常到那片水域去，在岸边迎着风走着，因为安凡说过，自己最喜欢在海风中看日落。安凡说，这种景象在很久以前似乎出现过。但破碎的记忆总是给人带来模糊的情绪。

每一次，在最后那道异常光亮的残照闪过时，安凡总是惊讶地似乎发现了什么，然而，一切未曾忆起。

=爱不曾离开=

在安凡的房间里,从某一时刻开始,多了一种心情。在无数个或幽或明的夜里,安凡在笑声中醒来,因为她梦见了自己在一个完全属于人类的世界里,佐贤牵着她的手,静静地走。银灰的云朵,青葱的芳草,潺潺的清泉,跟现在的焕发金属光泽的世界截然不同。

但是,在一瞬间,她却黯然神伤。

余晖里的记忆似乎在一点一点地被低语惊醒。

六

慢慢的,在时间狡黠地躲闪着经过时,佐贤对机械世界的感觉也在发生变化。许久以来蓄积的神秘情感被莫名的力量唤醒了。

佐贤愈来愈频繁地到水域去,隐约之中,他觉得那股力量在这片水域的某一角落。

他独自一人仰躺在细密的白色沙滩上,头顶低沉的灰色天空,没有云朵。

他闭上了眼睛。

潮汐翻涌,气势磅礴的声响却带来异样的平静。

佐贤感到有人在他身边小心翼翼地坐了下来,他睁开眼看到了一言不发的木原寂静的脸庞,深邃的双眸。

"我不属于任何机械人,因为我从不承认我是奴隶。"木原坐在船的一端,看着远方的水天之线。木舟静寂,四下阒然。

"你想知道那一边是什么。"佐贤淡淡地说。

木原猛地转过头,在暮色中露出惊喜的神色。飞越几个世纪的静默。

"因为……我也想知道。"

"那么,你愿意和我到那边去吗?"

"我会造船。"

"你会跟他一起去吗？"当佐贤向安凡讲起这件事的那一刻，安凡脱口而出。

佐贤安静地点点头，心中氤氲，面容忧郁。

"那么，我们一起去旅行吧！"

七

佐贤无比刻苦地记下柒壹先生在造船工艺课程上的教诲，柒壹先生对于佐贤的刻苦充满了喜悦。不多时日，一艘精致的船几乎占据了整个书房的空间。

那一日，佐贤站在书房门口，面色凝重。

船在两天之后被运往水域。那一天，许多的机械人在岸上看到这艘新船缓缓在水中动了起来，然后在水中航行，都欢呼起来，柒壹先生在甲板上露出微笑。

佐贤依旧一言不发。

隔日晚又是沉睡之夜。

机械人占领人类世界的时候，却保留了导致人类世界灭亡的沉睡之夜制度。究竟是用以讽刺，还是为了炫耀？后来的机械人也解释不清了。

在沉睡之夜，所有的机械人早早地睡着了，而且，再大的声响也无法唤醒他们。原因只有他们自己知道，人类是无权知道的。

佐贤在月亮降下以后匆匆地出门。

安凡和木原早已在等候。三人的身影在黑暗中无法辨认，他们爬到了静静停泊的船里。

"佐贤，我们什么时候出发？"安凡平静地问。

静默。墨色潮水翻涌的声响不绝于耳。

"佐贤?"

在黑暗中看不见佐贤的面孔。

"机械人的狂欢夜马上就要到来,那晚再出发吧。"佐贤在黑暗中平静地说。

"狂欢夜?"木原的语气充满了质疑,"怎么办得到?"

"为什么今晚不行?"安凡低声问道。

"不行……今晚不行,希望你们能理解我的意思……"

又是沉默。

"好吧……我们狂欢夜出发。"木原轻轻地叹气,无人察觉。

沉睡之夜,耀眼的熠熠光辉不复存在,城中死寂,犹如抛弃长久的废墟。

十日之后,狂欢夜。

机械人涌到街道上,漫天飘舞着彩色纸屑,在各个广场上,巨大的礼炮轰入天空,绽放开斑斓的彩色云朵,光芒绚丽陆离,所有的照明灯在第三朵礼炮炸开的一刹那,全部失去了光彩,机械人手中的篝火熊熊燃起,顿时欢呼声响彻云霄。

从街道到屋顶,到处有狂欢的机械人,从城中到水域岸边,明亮的火焰照亮夜空,到处都有献花的人,到处都有歌舞的人。

看着从窗前奔流而过的篝火洪流,佐贤心中在翻腾着,他突然觉得无比厌恶这群机械人。

柒壹先生已经加入到人群中去。

佐贤把手中的纸放在了书桌上,在整座房子里绕了一圈,关上门离开了。

水域岸上人头攒动,篝火通明。也有不少人乘着船在水上舞弄火把。天空中不时有花朵落下,纷纷扬扬,似雨似雪。佐贤戴着假面穿过欢呼的人群,在飘落的彩纸和花瓣中,爬上了灯火阑珊静静停泊的船。安凡和木原已经等候多时。

"我来了,"佐贤摘下假面,淡淡地说,"……我们出发吧。"

木原点了点头,船晃了一晃,启动了。

安凡在船舷上绑了火把,船开得不快不慢,他们不时会再绕回来,佯装是狂欢中的船只,如蛇行一般。但是,他们发现有许多艘船也同他们一样,绕行,且愈行愈远。几个光点在海面上保持距离,静动如出一辙。

"怎么办,佐贤?"木原问道,安凡一言不发。

"靠近他们。"佐贤说,面无表情。

木原静立没有讲话。但几秒之后,船调转了方向。

然而,其他的船上也是人类……

驶出了很远的船,都停了下来。船舷的篝火已经熄灭。

佐贤站在甲板上回望岸上的篝火,现在只剩缭乱的亮斑在瞳孔中跳跃。心里尽管填满了对于未来在新土地生活的向往,然而此时,佐贤想起的竟然全是柒壹先生对自己长久以来所做的一切,悲伤第一次涌上了佐贤的心口。

然后,船重新出发,驶入了阒然的夜幕,抛弃身后的繁华。

八

逐渐充足的光线悄无声息中已经把整片水域捆绑起来,四面是起伏的碧蓝海水,浩渺无端。太阳还没有升起,天空中亦无云烟。低沉稳重的海水相拥后,四散开来。

机械人并没有追上来,甚至他们不知道人类已经离开——但是,这也是不可能的。所有的船都靠近到一起,迎着奔腾而过的风平稳前行。

浩渺水域,将要去往何方,佐贤心里已经有了蓝图。因为他知道,

在水的那一端，有机械人留下的土地，有一座荒芜多年的繁华废墟。只是难料是否在狂风暴雨中轰然倒塌。

水急忙地躲闪开来，只留下一串雪末儿般的泡沫，被抛在船身后消失殆尽。

船似乎静止不动，犹如苍穹一样的俨然不语。船上也无声无息。

那是一座墨绿色的岛！一片如同童话世界的土地，海岸边的沙滩泛着光芒，岸边的树高大挺拔，有高高隆起的山脉，连成一片的宝石色彩的低矮丛林，在愈来愈近的过程中不断地爆发惊喜。

他们登陆了。

九

柒壹先生看到那张纸的时候，充满悲哀地叹了一口气。

他转过身到书架上取下《造船工艺》，走出了房间。

陆贰女士找不到安凡，瘫坐在扶手椅上，目光惘然。

还有一些机械人对于自己消失的宠物略有惋惜，却很快忘怀。

但与之同时，在一座坚不可摧的金属城堡大厅里，无数机械人正忙进忙出，彼此充满谨慎地交流或用眼神会意。在正中央的宽阔的金刚石台面上，烟云缭绕。两个机械人直立一旁，面色严峻。不时转过头去张望。

金刚石台面上的烟云渐渐散去，退缩四边，有朦胧的影像缓慢呈现。

其中一个机械人狡黠地咧嘴，转过身去。

"稍后汇报。"他大步离去，另一个机械人唯唯诺诺的回答还未出口，背影渐远。

"是，零叁先生……"

一间完全处于金属色泽中的办公室里，零叁先生正在侧着身高傲地听汇报。

"他们在Si-04岛登陆了，一共有四十八个人，但只有一个女孩……"

"嗯？"

"是陆贰女士的奴隶，先生……"

"一群逃走的奴隶，头脑简单的生物，还以为能把我们甩在身后，只是这个女孩，要怎么向陆贰女士交代？……"

零叁先生的眉头深深地皱了几下。

十

这群人类用超乎机械人思想的速度在岛上完成了城市的重建。使用机械之城学来的技能和遗留在废墟之中的材料，重建起一座机械城邦，一座属于人类的完美机械城邦。

安凡和佐贤在一点一点之间找回了似乎被窃的记忆。人类被篡改的思想轻微地变化着。

那一个月夜，两人坐于沙滩之上，面朝大海，背向丛林，安凡对佐贤说："这才是我们原来的记忆归属地，一定是发生了什么……"面容忧伤却不带有绝望，佐贤的手紧紧握住安凡纤细的手指，月色弥漫，银白无声的笼罩。不远的地方，忽有嘹亮的一道声响起，静立枝头的睡鸟霎地腾空而起，消失不见。那是每一夜，木原仰卧于林中巨石之上，吹响卷起的绿叶。

忽有一日，风波骤起。

木原说自己是机械人。佐贤用静止一般的目光注视木原许久，然后

大笑。佐贤摇头，并不信，跑来的安凡和其他人茫然地站立着，佐贤还是不信。

木原说，我是。

没有人相信。安凡摇起头来。

太阳要下山了。

在一瞬间，木原解下身上的衣物，最后一道光飞奔而来，刺目的金黄色光辉让所有人闭上了眼，所有的笑靥灰飞烟灭。

海浪滔天。震动大地。

木原在林中无声地啜泣。

月已偏西。

当夜，佐贤决定要毁掉水域一端的机械之城，木原笛声扬起。木原吹起笛声的那一刻，下定决心要毁掉水域一端的机械之城。

佐贤和木原都认出了那个机械人的发明——会飞的探测器。佐贤在《信息获取和传播》中见到过，而木原本身就是一个探测型机械人。

佐贤坚决不让木原回到机械之城，因为回去，就意味着被分解、熔化。安凡和佐贤避开木原谋划着战斗。而那个探测器，早已被砸得粉碎。但是，在某一个早晨醒来的时候，木原已经离开，佐贤造的船已经消失在水雾之间。

佐贤无奈地站于礁石之上，脚下巨浪滔天，风卷水花呼啸而过。

目光中充满不舍。

一抹新月，今夜黯淡无光。

木原站在环城河边，注视已经静止的巨大齿轮，河水荡起微波，有小心翼翼的风吹过。木原默然，轻轻扬起嘴角，然后一跃到了齿轮上。

宇宙大爆炸的巨响惊醒了睡梦中的机械人们，然后，齿轮沉入水底，发出沉闷的撞击声，刹那巨大的水柱喷涌而出，冲开城门，迅速地在每一条街道上蔓延、舞蹈、跳跃。

坚不可摧的金属城堡没有垮塌，但在巨大的旋涡中却也无可奈何，沉默地伫立。大厅里忙碌的机械人瞬间无声，如同久违的哑剧。零叁先生的办公桌上，一张铜牌上分明写着：明日进攻出逃者——零叁·铝。但是铜牌被巨浪击得粉碎，无从寻觅。

机械之城沉入了水底，犹如那黄铜齿轮，和粉碎的铜牌命令。

齿轮下，黑暗隧道的彼端，便是水域。

所有的机械人不会明白是怎么一回事儿，永远也不会。

除了木原。

木原站在甲板上前往机械之城的那个夜晚，他的耳畔不断地回响安凡的话语，眼前无数次闪现安凡的笑靥，如绽开的花。

但在一瞬间，似乎又回响起另一个嗓音，一闪而过——

"我会造船。"

很久以后，佐贤造出了一个机械人，和记忆中的木原一模一样。

机械人，是人类的奴隶，抑或宠物，无人能辨。

只是，佐贤记得是机械人自己毁掉了机械之城。

木原在那一夜被齿轮带入水底，闭上双眼，宛如忏悔。佐贤造的船，依旧停泊在水域里。

终

千年千世以后，人类迎来了自己的机械时代，史册郑重地把艰辛的每一步都记载下来。

而那座墨绿色的岛，还在。

"喂,有东西!"一个男孩大喊起来。

"钩住了吗?"

"钩住了。"

所有的机械都转动起来,钢索从海水中上升,淌水。甲板上的人都在等待它带来惊喜,海风愈来愈大,船晃动起来。

"哇!"

所有的人都吃惊不已——

一个巨大的黄铜齿轮缓缓地浮出水面,犹如全新打造一般,闪出熠熠光芒。

船身以后的海岸,车龙奔腾。高楼反射出银色的光泽。这是我们的时代,我们的世界。

人类生存的巨大世界,机械人是奴隶,抑或宠物。然而在睡梦中,我们梦见自己一度是机械人的奴隶抑或宠物,然而,并没有人在意这一点,也没有人真正地知道那曾经是机械人最后一个辉煌的时代。

另类过往

文/陈凯鸣

谁也没有料到,三个月后詹卜能够如此磊落地再次浮现在人们的视野里。祖母见了它,颤了颤碳黄色的手掌——"阿弥陀佛……"——这叹息如被丢弃千年的戈壁老树墩,扔到火里,恐怕只有红彤彤烧上几天几夜,才能发散出浓缩了一辈子的精气神。

詹卜临时有些慌乱,爪子似无秩序的潮汐般无声无息涌上来,在祖母面前定格,随后它耸起轻柔的脊骨,缩成一团。"倒似一条被钩弄伤的鱼呵。"母亲嘴里嘟嘟有声,装作若无其事,她亵渎了神圣的象征,她现在不得不处理一件实在太像忏悔的忏悔。

三个月前母亲小心翼翼地将詹卜放入竹篮中,掩上暗绿色花布,密密实实。她提着竹篮,一口气踏上了通往山腰的青条石阶,身影在林子里若隐若现。青条石阶被人卸走了几条,露出棕黑的泥土,像是豁牙的老人在不平地喘息,硕大的蚂蚁来来往往周而复始。她冲着门缝喊出一个女人,然后从口袋颤巍巍地拿出一张皱得发黄的纸条,出来的女人便说,猫可是治这病的好秘方哩。

母亲无论如何也无法想象詹卜是怎样逃脱的。那天阳光如液,无孔

不入,很突兀地在母亲站着的地方浓酽酽慢悠悠地流淌,只是"噗"的一丁声响,詹卜便不见了。母亲回到家,嘴唇紧抿,竟无意在嘴角两边拉下弧线。腊喳雀隐藏在暗了的光晕后,用尖喙嗑嗑地啄着窗,笨拙却沉重,失却生命的沉重,可分明还是活着的生命。

詹卜依然不见踪影,可她身上的红斑在若干星期后却自行消失。詹卜用过的蓝边碗碎在一楼大厅的一角,蓝边碗摔不出奇迹,今生今世不会。她细数,碎成了五块。

家门拐出去大约二十步,一座普通的教堂被时间噎了一下,年深月久地倾斜着。一群野猫躲在废弃的长椅下,一抬头,瞳孔里便晃着大堂中央耶稣的十字神像,绿色的眼神熠熠发光得很艺术。夜间,由一只黑色猫王带领着,它们也在长椅上活动,倘若不经意用圆筒手电照见它们,还会以为是一朵朵花瓣在悄然移动。

詹卜是教堂猫群中的一只,祖母偏偏给它起了"詹卜"这个名。黑灰双色交错的身影像混沌未开的一团泥,它在大厅里踱着步,祖母嘴里念念有词,"观世音菩萨白佛言:世尊,若诸众生诵持大悲神咒,堕三恶道者,我誓不成正觉,诵持大悲神咒,若不生诸佛国者,我誓不成正觉,诵持大悲神咒……"是《大悲咒》。禅客自佛来,祖母瞥了它一眼,它便有了詹卜的名字。虽说詹卜是佛花,可这只猫却委实在凡间贱贱旺旺地活着。

三个月后,詹卜在母亲略显诧异的表情前光明正大地踱进大厅,太平却走了。太平起初从后山林子下来,加入附近的野狗队,大概野狗们都猜测它是其他群体的侦探,不久就被孤立独来独往。这不是只特立独行的狗,她对太平端详了一番,摇摇头,傻侦探只配演三流喜剧。果然,城里捕狗队开着货车出现在门前的大路上时,所有的野狗四下里散场逃窜,唯有太平,孤独却固执地蹲在大路的中央,似陷在满是荷花的泥潭里,等待从天而降的庇佑为它沐浴灌顶。捕狗队员将绳索套在太平脖子上，它依旧屹立不动，他们一呼气用力往车上拖，太平挪了挪，然后又挪了挪，腊喳雀不合时宜地啄了啄太平僵硬的耳朵，扑闪扑闪翅膀，被撩起的灰尘抖动得身不由己——太平完全缺乏其他野狗们机关算尽又能冲出重围的头脑。

太平没有轻易地迈出它的第一步，这一步的责任太复杂、太沉重、太漫长，可在迈出这一步之后，捕狗队的一切行为都将轻而易举并且顺理成章。

顺理成章的还有白瓦的出现，一只棱角分明的狗。它与詹卜一起从后山林子里出来，与太平有几分相似，或许瓜藤瓜蔓牵扯蔓延，它俩还沾着一点点共同血脉的亲，遂境地与命运都如出一辙。

在她家，詹卜占领椅子以上的所有空间，而白瓦享有椅子以下的领地。白瓦喜吠，它时常立在门口，两条后腿着地，两条前腿指天，伸长脖子使劲地冲路上的一切移动的事物吼叫，腊喳雀时不时在空中摇晃几下，饥渴的树时不时抖落满眼暗淡的灰尘，白瓦仍然天上地下，唯我独尊。直到有一天，野狗们的狗王来到它身边，当狗王健壮如狮的侧影投落在地面时，整个世界与白瓦形成了一种一与无穷的对比。这不能算是单挑，因为狗王只是稍一伸颈，往白瓦的脖子上蹭了蹭，白瓦便从世界上消失了，它甚至还没来得及操戈应战。

詹卜也许知道，白瓦心中的假想敌。詹卜也许还猜想过，白瓦设想过无数次与狗王战斗的场面，并且将它演绎得有声有色、有起有伏，有踉跄扑地的惨败也有人仰马翻的大获全胜。但是却唯独没有想过这一天会残阳如血。

这一天残阳如血。

教堂终于被批准新修。它久遭废弃，身形佝偻，但是人们不难从这躯年老的身体里找到它昔日也曾高大魁岸的影子来，然而现在，它只是像个小孩似的蜷缩在路的尽头，显得可怜而无助。唯有猫，一群流离失

所的野猫冒昧地闯进去，充当需要救助的信徒。这难道也是命运循环的另一种形式？

教堂外的泡桐树漫长地排列，夏秋之交，紫色花冠密密匝匝，淡香缕缕腾起，宛若另一种炊烟。疏松的木质可用来制作乐器，扬琴声、柳琴声，风都能将它们奏出。今后，这儿将是猫群曾经向往无限的区域；从前，它们在此自若地穿梭、静卧，竟也像一群有罪之人面向世间的悲喜祸福吟诵经典。

野猫被驱逐出教堂。这些隐匿的野猫大概为了避祸，一向就有装聋作哑的伪装，除了下雨的夜里，它们都保持缄默。天长日久，在耶稣的宽宥下形成自我保护的心理积淀，讷于言而敏于行。

一根根粗大的水泥钢筋柱堆积在教堂门前，只有水泥和油漆送进去，风吹不进去，腊喳雀溜不进去，眼神绕不进去。

再以后，詹卜很少回来。偶尔回到家里，便浑身是泥，射出来的目光，也尽是泥水的浑浊，人类也变得面目模糊，不知为何物。那些野猫落魄如野草，再也找不到本质的泥土，至少再也不能找到长植物的土地了。

每到暮时，祖母便捧着佛经诵读，祖母是识字的，总是对她的小孙女念叨佛经能防止千疮百孔的灵魂出窍。她的小孙女不解，人们不是都宣扬要触及灵魂，为什么还要套上庇佑的铠甲呢？

祖母闭目不答，詹卜在一旁打着喷嚏，连猫也不晓得自己是谁了。

貌似从那个黄昏起，詹卜每到这个时刻就会打喷嚏，以后的那些个黄昏，便是这样的同一个黄昏。祖母见状，便会起身到冰箱里拿出冻了两天的鱼面团，捣糊，倒在詹卜面前的蓝边碗里。它只吃冰冷的食物。

她总觉得猫群没跑远。要不附近的居民怎么依旧将垃圾分为两类？不是回收与不可回收，而是剩菜残羹与不可食的物体。下雨的夜晚，猫叫声隐隐约约，潜伏在时间的缝隙里。有一次，她从窗探出头，只见一只只猫挨个跳进水泥钢筋中间的空隙中，还真像其他人说的，像一朵朵花瓣在黑暗中悄然跳跃。她使劲揉揉眼，她不知道，那依然是她的想象呢，还是她的记忆在关键一刻的回光返照？

祖母估摸詹卜真正意义上的离开，也有一年了。就只剩下这么些记忆的碎片了，祖母翻动着发黄却平整的经书，照旧用修剪好的指甲顺着密密的竖排的字，嘴唇轻轻抖动。记忆可有可无，她将它们当做书签，那么不经意地往博大精深的佛经里一夹，几乎湮没。

令人意外的是，祖母为保罗——一只从教堂方向游离过来的狗——聚焦了她的目光。她的小孙女坚持称它为保罗而不是修罗。"它长得很犹太，"她说，而后又补充了一句，"同时也很基督。"她又停顿思忖，"以马内利传播的福音不应该仅限于人。"

祖母半睁着眼，"岁月流逝，上善若水……"，她是一个容易妥协的人。事实证明，睁开眼睛比闭上眼睛更能事事皆空。但不管是保罗还是修罗，这些个名字，在时间中淘洗，难道只会空留一个叫后人费解的名词吗？

保罗体形怪异：身躯庞大，四肢粗短。它的怪异还体现于毛发，过了夏，便如吹蓬草般疯狂蔓延生长，遮蔽了它的身躯与四肢，将它全副武装。只要一移动，它就像是一条被斩断了缆绳的大船，在波涛汹涌的海面上溜溜地打转。

盛夏暮时，它便溜进浴室，等待她为它打理毛发。她常用的是手掌大的板刷，柔软的塑料契合着它的毛发，流水梳洗，徒然产生一种苦涩而温馨的怀旧情绪。她向来不喜欢在伤感惆怅中反复回味少年的岁月，中年的岁月，哪怕到了老年，记忆都会变了形地来捉弄人。它们像某类调味品，捣碎了，与现实生活的情节揉陷在一起，再发泡出一只只虚幻的馍馍来，叫你难辨真伪。

于是她迅速抽回思绪，保罗歪着头望她，汪汪叫两声，似在向她折皱出一个笑容。

保罗在家生活了5年，没有发生过意外。祖母像詹卜在身边时一样，暮时往蓝边碗里盛满亲自捣糊的冻食，只不过不是鱼面团罢了。祖母心有歉疚，生命的泥委弃在地面上，不生野草，更不生乔木，这仿佛是祖母的罪过。詹卜离开了，好歹应该留下个保罗。

没有意外，意味着保罗是条机警的狗。他像白瓦喜吠，好像它俩的神经末梢全都裸露在脑门儿上，只要空气里稍有点颤动，只要能捕捉到游离而过的感觉的流陨，它们就会跳起来。可保罗配备裁剪危机与安全的思维。

保罗冲进大厅时任何人都没有防备。随后它立即找了一个阴暗的角落蜷缩下来，急急地喘息，静观其变。有时，也许它们自己也没想通是为什么，它们只是任凭着一种直觉和冲动来对事件作出言语和行为上的反应。祖母坐在大厅中央，刚修剪好指甲却依旧是碳黄色的手掌捧着经书，若盘根错节曲里拐弯缠绕，这外衣与灵魂是难以剥落的。祖母不动声色，恐怕她在一瞬间有詹卜与白瓦回来的场景再现，可她也只能让这些杂念一闪而过，之后，书签还是书签，湮没了的页码不知道要过多久才能被重新翻阅一次。

母亲站在门口，手里拿着剪刀，有些不知所措。这是五年之中很普通的一年春天，母亲像每年的这个时候一样为保罗修剪毛发。此刻修剪才进行了一半，保罗前半身已经修剪完毕，而后半身依旧拖拉着密长的毛发，它像半裸着身躯突然飞奔而入，意识流般飞跃。两条粗短的前腿显露无疑，让人禁不住担忧能否负荷庞大的身躯。母亲站在门口，保罗来自横断方向上的巨大的冲击力，出其不意地将她退出惯性思维逻辑的轨道。她不知所措。

这时，一辆货车出现在门前的大路上，捕狗队员东张西望，寻觅狗的踪迹。腊喳雀旁敲侧击，笃笃地啄着她家的墙，久经雨水冲刷的墙砖布满了粗糙的泥尘和雨的斑点，已经开始呈现出一种这里脱落那里爆裂的局面。腊喳雀一股傻劲儿地啄出声响，它一开始就直奔预谋，如果承认有预谋的话。不美妙，还骚动着不安。

终于，捕狗队在附近巡逻了一圈，离开了。母亲转过身，见保罗僵硬地缩在墙角，没有声响，像一锅黏稠的米粥几近凝固。它毕竟承受着一段扭曲和荒唐的历史所遗留下来的某类心理创伤，涣散了等待已久的信赖。

据祖母说，在她的小孙女未出生前，曾经有那么一条狗，在捕狗货车出现的瞬间失踪了，一连好几个星期不见踪影，渐渐地就成了被删除的印象。其实，一只野狗或一群野狗，即使时刻出现在人们眼里，也都是可以蒸馏的无关人性的物质。后来，母亲到山上摘杨梅，与人交谈的过程中，那只狗闻声窜出来，汪汪又呜呜地哽咽着，这般突兀的大喜大悲的重逢别开生面，便被人们嵌进了粗糙的记忆里。

眼下的保罗，还没有陷入老态龙钟的不堪境地。经家人同意后，它被送到了附近的农家乐照看家禽。在祖母已经变黄了的记忆里，保罗的那部分时而连贯，时而断层。暮时她看着佛经，过后总说，她听见保罗在不远处叫得很躁动，还有家禽时不时咕噜噜的声响。祖母听见的，有时确确凿凿；有时，也难免张冠李戴了。

保罗从祖母偶尔的幻觉中消失是因为经缘的到来。经缘被驱逐出狗群，它不具备以屈求伸的奴性，而它的团体，却是一台无情可讲的离心分离机，要将不适应它运作规律的那些狗的泡沫撇出去。冬日暮时，祖母习惯用皮肤干瘪的手掌在佛经上摩挲着，似有无形钟磬敲响，和尚们"炉香乍热，法界蒙熏，诸佛海会悉遥闻，随处结祥云……"诵读声遥传而来。祖母偶尔抬起眼，睨下正在舔食的经缘，她大概早已翻过了重逢的一页。灯光下他们的影子投射在窗帘上：一个端坐着侧脸的人影，不远处一只并不清晰的狗的影子。风起帘动，影子也跟着晃悠晃悠。

或许只有祖母，才能看出个中玄机，辨出肉质后的骨架，肌中之理。

　　蓝边碗躺在大厅的一角，崭新的，与所有曾经在这个角落待过的主人用的一样，仿佛暗藏着某种暧昧的泛指。可经缘又着实是不同的，它完全是一只没有釉衣的陶器。倘若要向整块生活去随意截取一小片断面，某个特定的清晨就很可能成了它的一切记忆与场景凝聚的中心。

　　经缘的卫生习惯优良，至少不会在家随处就地。唯独那个早晨，当教堂打开平日进出的小门，经缘突然意识到什么，它起身朝教堂跑去，像是穿过罗布泊的旅人，漫长的踯躅之后，它站了上去——那门是一截非常的历史缝隙，又恰好让这只狗卡了进去。

　　接下来便是一阵混乱。管理的大叔冲出来，对着经缘大嚷了一通，不但没奏效，经缘反倒变本加厉地撒起欢儿来，一只后脚高高地抬起倚在墙上，一股刺鼻的味道向四周弥漫开来。母亲急急地跑过去，但呵斥拖拉毫无用处。就这样，两个人与一只狗各自占据着自己目前的生存位置，组成了一个等边的三角形。

　　管理大叔在看母亲，母亲在看经缘，经缘在看谁？没人知道。仿佛隐隐中，詹卜的无望正躲在远远的某个角落里窥视它。所有的这些几乎都是有所图谋的；这更多是一种手法，一种暗示，一种试探，一种隐喻，还不单是习惯和性格使然那么简单。

　　僵持结束后，经缘心安理得举重若轻地漫游回来，它的脚步是那么平静，有时飘逸得甚至与从树中飘出的流动的音乐产生了同步效应；而母亲则涨红了脸，有些踉跄地跟在后头。人们，除却了面子就是深重的内伤。

　　五月的天湿润闷热，总让人产生一种莫名的英勇感和悲壮感，就如风暴来临前的一只穿行疾飞于低压云层下的海鸥，它啾啾的叫声中暗含着空虚的亢奋。通常就在这样一个春天，教堂门前，经缘曾经站过的地方，长出了一株另类植物，枝叶上无名小花兀自开了兀自谢。

疤

文/陈凯鸣

那时，我刚满16岁。

16岁的我为脸上的一道疤自惭形秽。它架在鼻梁上，微微隆起，像季节深处墙面的浮雕，阻断了所有冬天的来龙去脉。这道疤注定在世间的一个端点与别人的目光邂逅，这一端点就是命运尽头那变色龙似的创造和聚合着的芸芸众生。

正是那年冬天，我把自己倒挂在学校操场一米高的双杠上，体会着胚胎里生命的生存姿态。天空深处的飞鸟依旧低垂着眼睑，呈现孤独者倔强而神奇的天性，它们松弛的双爪却无处安放，不知所措；倒立的人影在云中匆匆淡去，光线如记忆兀自断开，一切秩序涣散。

已然是深冬。

那时，我刚满16岁。

16岁的我诚惶诚恐，仿佛脸上的疤长成一个耻辱的、不可告人的错误。我时常用隐蔽的姿势遮掩鼻梁上丑陋的疤，更企图压缩自己的身高，混迹于蚂蚁的海拔。

≡爱不曾离开≡

倘若这时父亲出现——"父亲"这个名字，即使像平常那样念出，现在于我都是艰难。当它在造化的氤氲里被巧妙地折叠了几番，绕至今日，它早已经成为记忆的惯性，什么情绪都无法被唤起。因此，我只能用"倘若"来作为父亲出现的理由。可是父亲，我想你应该会知道，记忆的代谢，如同庄稼地里的苗和草，换季便意味着过季。

那时，我刚满16岁。

一个人的倒影渐渐延伸进我的视线。

我临阵有些许慌乱，父亲。在一阵手忙脚乱之后，我用右手捂住了那道疤，然后装出若无其事：听说最近有强劲的冷空气南下，母亲一直在抱怨飞涨的物价……

这么说着，沉睡的某处知觉便在一点一点复苏，如同灯，一盏一盏地亮了。仿佛我一直没经历过童年，在胚胎里见过的父亲，倒立着的、削瘦的脸颊。他下巴蓄着稀疏的胡须，说话时笔直的脖子突显出上下滚动的喉结。来到第16年的冬天，我以同样的姿势看着我的父亲，日子一晃，太短。

如果那人真的是我的父亲，他会不会像其他所有的父亲一样，轻声斥责他的小女儿那用双腿钩住双杠，头朝下挂着的不雅动作；如果父亲是他，该用怎样熟稔的动作拉起小女儿的手，手心的温度挪一挪就是16年。

我喊，父亲，父亲。他不答，那些言不及义的话语便软弱下去，像我不经意间呼吸的空气，被自己吓到了，再小心翼翼地一小口一小口吐出来。

那时，我刚满16岁。

我的目光躲避着装在心里的男孩。迎面而过时他漫不经心的神情散开来，我的心跳沉闷得如一个人重重地沿木梯走上来，无时无刻不因为陈旧的木质构造而感到单纯的绝望。

　　我把书紧紧贴在脸上，页面上铅苦涩的重金属味道充斥了我的16岁。但是，惊惶而尴尬的行走方式却时不时背叛我受控的内心。我低着头缩着肩，仿佛那道疤在脸上插了一面令人羞愧的白旗。

　　有人经过榕树下，踩着晚落的树叶，噼啪声回荡，似玻璃一路破碎。回巢的乌鸦重复着不符时令的唱调，好娃娃，好娃娃，好娃娃……它究竟是一只人眼所能看到的鸟，还是本身就是一只能看到过去和将来的眼睛？

　　回到记忆开始的地方。多年前无意间瞥见父亲背上一道巨大的伤痕而手足无措，心里霎时充满了悲凉。那道伤痕如饱含哭泣的喉咙吞下所有的伤痛，我垂手而立，时间就在这时吞噬了年龄，让我一下子来到了16岁，看见了自己的疤。

　　那时，我刚满16岁。

　　我跟着人流挤进公交车，坐地铁，过马路，都只是遵循着一个少年所有可以追查的脚步，围绕着学校和家之间有限的距离来来回回。偶尔想起父亲，便会假装在这个世界找到了他，就站在马路对面，草地上的腊梅鹊四下里飞散，扑扇着翅膀，枯草斜飞。我迎着他诧异的目光，走过斑马线，说，父亲。打过招呼猛然想起自己鼻梁上的疤，这时我的嘴和眼等诸多器官仿佛暂时闭塞，它们无法直言直视地参与肢体动作，此后的陆续情节混沌不清。我只听见父亲略显低沉的声音，怎么了？

　　是啊，怎么了？一个身穿黑色衬衫的陌生人上升为父亲的可能，被终结。此后依然有早晨有黑夜，有上帝创造的七日之后所有的日子。

　　那时，我刚满16岁。

　　我丢失了心爱的男孩。

　　他异样的眼神在我掩着书的脸上晃了晃，随即又移开去。逃跑的冲

动如植物的纤维极细密极细密地扎根落地。这个男孩是我希望常常见到的，尖锐的下巴与凹陷的眼睛。当他说话的时候，喉结在他直挺的脖子上，上下滚动着，他业已成熟了嗓音。

可是，父亲，我不得不接受这个世界碰巧向我提供的宿命。我想着在擦得光亮的烟灰缸里铺满茶叶渣，在去见你的路上却被时间绊了一跤，当我再站起来的时候，另外一个人已经过完了我的童年。

我失落了多久，恐怕自己也不晓得。时间里面阳光的影子长成一个人的模样，来到跟前，他就是父亲。我16岁时的父亲，吃饭的时候大口大口地咀嚼，发出"啪啪"的声响，走路身子面向东方，无法控制的双脚却将他带向北方，他趔趄而行。

时间向前挪一挪，7岁的时候，我在读巴赫曼的《玛琳娜》。它讲述一个公主和一个来自东方的陌生人的寓言。

——"你必须回到你的人民中吗？"公主问。

——"我的人民比世上所有的人民都古老，他们失散在风中。"陌生人回答。

于是我相信我的父亲走失在风中，逐水草而居。

流年暗转。16岁时风从我的身旁一阵阵抽走，似一只突然腾起的鹤，定格在半空，继而又隐身于喧嚣的话语中，潜游而不见。我稍一走神，一阵风就吹出我16岁时父亲的模样：他微微发福。

那时，我刚满16岁。

那年冬天的一个早晨，我突然睁开眼睛，一下子来到了16岁。想必是被时间绊了一跤，当我再站起来的时候，已经过去16年。我倒在一个瘸子走过的路上，上面有一个四十来码的脚印和一个拐杖窝。我用右手摸了摸摔疼了的鼻梁，上面隆起了一道疤；我的左手端着一个铺着茶叶渣的烟灰缸，它完好的程度使人讶然。

我羞于面对我的父亲，更为那次意外的摔跤深感愧疚。记忆里，过去父亲经常教诲："走路时不要用脚拖着地，拖住地也就拖住了时间。"可是那一回，我的脚抬不起来，路上的一条缝就轻易地钩住我的平底鞋，一只蚂蚁和一只扁虫也统统掉进去。

那时，我刚满16岁。

传闻我的父亲在乌鲁木齐养蜂，他终于还是到了西北偏北。正值冬季，槐树花落，我的父亲并不为花粉而隆起他浓黑的眉毛。晨雾袅袅的时候，他取出蜂箱里网状的板，涂上白糖水，梦乡中的蜜蜂便一只只苏醒。40岁的父亲没有远大的志向，时间在等他的蜜蜂一只只变老。究竟要何时归来，他自己也吃不准，日子一久，提前的行程亦逾期作废。阳光把日子晒得不紧不慢，父亲习惯性地搓手，抖落寒气，再习惯性地从蜂箱的网板上刮下凝结的蜂蜜。在遥远的那边，蜂的嗡嗡声拖住了时间，花粉连同蜂的唾沫黏住了时间，父亲从网板上刮下来的是时间。而这边时间飞逝。

我时常这样想象，若有一天，父亲推开门，让我看见早晨，所有的鸟一下子散开，像影子一样滑开去，或静止不动；一只猫正在逃窜，似一朵花在过道里移动。我就这样无数次地看见一模一样的早晨，我来不及参与那些早晨或大或小的过去，它们尽是一些不能回到黑夜，亦无法抵达中午的早晨。

就这样一年年到来，20岁，或更久一些，鼻梁上有一道疤的小女儿，始终未曾见到她的父亲。往下追溯，光景不断添置，丢失，再更换。我在这些损坏的年轮里，迷路在所难免。

那时，我刚满16岁。

父亲却一路向西偏北。不论他走到哪里，都是生长野草，生长五谷的土地。

我想起有一次他对我说，大漠的沙子要开花的时候，我带你去看。

我16岁的时候，时常在城关入口转悠，薄光浮起在梧桐树枝干上，粗粝甚至残缺的纹路里已然容纳了数不清的断片、伤痕和惊魂甫定的成分。我的鼻尖布满了细小致密的汗珠，在那些阳光都照不亮的早晨，父亲没有回来。

大漠的沙子怎么会开花呢？塔克拉玛干的飞鸟侧着身子飞翔以显示它们对季节的敏感，沙粒只会把时间埋得一层又一层的厚。

那时，我刚满16岁。

一副紫色粗边框眼镜增加了鼻梁的重量，它以恰当的角度遮住了丑陋的疤。我为这一不经意的发现暗中窃喜，却又因为清晰而陌生的世界感到莫名的隐痛。调整了焦距的眼睛让我看见在时间中乏掉的人们，如同干瘪了的空袋子，抖落着数不尽的欲望，在尘土飞扬中鼓动着血液里原罪的释放。他们和时间一起等着一头牛老，他们又和牛一样期待着明年抽芽的青草。被整乏的人们伸缩不了影子，睡觉时翻不过身子，寄出的信盖不了邮戳。我戴着眼镜看见他们，那是百味未调和前所未有的纷杂。

在学校三楼的走廊里，我遇到曾经失去的男孩。我扶了扶眼镜，低垂着眼睑，踩着匆忙却细碎的脚步好观察他的神情和反应。蓄在前额的刘海儿从发夹里溜出来挡住眼睛的余光，我又惊慌地把它们撩在耳后，就是为了让自己的目光能够在这个男孩的身上停留。

那时，我刚满16岁，蜷缩在心底的忧伤一下子扩充得无边无际，它的声音让花听见，先是一朵花骨朵的惊恐绽裂，然后是几十上百朵。啪，啪，啪……我不知道这样的忧伤归咎于谁，不该是自己，更不该是那个男孩，或许只是一声口哨，那轻佻的举动立刻让绝望刺激了我的神经——却已不复最初的单纯。

失落，固执的，如直线洄游的鱼，至今坚持一往无前的错误。我貌似忧郁地揣测，也许我早已不为鼻梁上的疤暗自神伤。

那时，我刚满16岁。

我还未意识到等待的日子如此遥遥无期。

有一个人拖着板车在城关穿越了十六年，他的车轱辘一边高，一边低，城关的道上划出了一道浅浅的宽的沟，一道深深的窄的沟。这年冬天，我在城关口转悠，亲眼目睹那两道深浅不一的沟消失了，强劲的寒流把西北方的沙粒吹来，那两道沟被埋了下去。城关的时间亦被埋得发黄发旧。

很有可能，我的父亲就在回来的路上迷失了目的地。冬天的时候，他跟随西北风回来，沙子把城关埋了，他看不见，城关里的人、房屋、道路、一草一木、牛猫狗都被一层一层地埋起来。我站在城关入口看不到父亲，却听见车轱辘从头顶上隆隆地滚过去，天压着打雷一样响。

更早些时候，母亲告诉我父亲偶尔会吸烟，所以那一天，我特意准备了一个烟灰缸，里面铺满了去除烟味的茶叶渣。兴许是偶然，我的命运刹那徙转——我摔了一跤。慌乱地站起身后，我意识到我错过了时间，即使再回去，不过是重复另一个人的角色，孤家寡人，无奈的旁观者。

光阴错落。

我窝在沙发里，不停变换电视频道，打着哈欠寻找乐趣。这时门铃响起，我想无非是推销员甲或推销员乙。空气用灰色调修饰硕大的窗框，有一些背影，从窗子里远去。我打开门，看见一个一脸困惑的中年男子，恍惚一惊。

他问，你还记得三年前的事吗？

以往，对于他人的问题，我总是沉默，聪明地把答案推到将来。怎么偏偏那一次，我如是回答：

那时，我刚满16岁，我端着一个铺满茶叶渣的烟灰缸，在梧桐树下等我的父亲。

图书在版编目（CIP）数据

繁锦 / 吴洲主编 . ——合肥：安徽人民出版社，2012.7
ISBN 978-7-212-05530-1

Ⅰ．①繁… Ⅱ．①吴… Ⅲ．①作文－中学－选集 Ⅳ．① H194.5

中国版本图书馆 CIP 数据核字（2012）第 165026 号

书　名：繁　锦		作者：吴　洲	
出 版 人：胡正义	选题策划：曾　丽	责任编辑：武　学　邢　楠	
责任校对：邢　楠	责任印制：范玉洁	装帧设计：惊叹号设计　王艾迪	

出　版　时代出版传媒股份有限公司　http://www.press-mart.com
　　　　　安徽人民出版社 http://www.ahpeople.com
　　　　　（合肥市政务文化新区翡翠路 1118 号出版传媒广场 8 楼
　　　　　邮编：230071）

发　行　北京时代华文书局有限公司
　　　　　（北京市东城区安定门外大街 136 号皇城国际大厦 A 座 8 楼
　　　　　邮编：100011）
　　　　　电话：010-64266769；010-64264185 转 8067（传真）

印　刷　北京雁林吉兆印刷有限公司　电话：（010) 61027585
　　　　　（如发现印装质量问题，影响阅读，请与印刷厂联系调换）

开　本：787×1092　1/16　　印　张：16　　字　数：206 千字
版　次：2012 年 9 月第 1 版　　2012 年 9 月第 1 次印刷

ISBN 978-7-212-05530-1　　　　　　　　　　　　　定　价：29.80 元

版权所有，侵权必究